BASIC BACKEN
Motivtorten

Bibliografische Information der Deutschen Bibliothek.

Die Deutsche Bibliothek verzeichnet diese Publikation in der Deutschen Nationalbibliografie.
Detaillierte bibliografische Daten sind im Internet über http://www.dnb.de/ abrufbar.

EIN BUCH DER EDITION MICHAEL FISCHER

2. Auflage 2019

Covergestaltung und Layout: Celina Reiser
Redaktion und Lektorat: Elke Sagenschneider, München
Satz: Mirjam Oppelt
Fotos: Emma Friedrichs
Texte und Rezepte: Monique Ascanelli und Emma Friedrichs

ISBN 978-3-86355-984-7

Printed in Slovakia

www.emf-verlag.de

FSC
www.fsc.org
MIX
Aus verantwortungsvollen Quellen
FSC® C023577

Emma Friedrichs, Monique Ascanelli

BASIC BACKEN
Motivtorten

EMF

EIN BUCH DER
EDITION MICHAEL FISCHER

INHALT

GRUNDLAGEN

Werkzeuge und Backhelfer 9
Wissenswertes über Fondant 11
Torte stapeln, einstreichen und fondanttauglich machen 13
Torte eindecken 15

GRUNDREZEPTE

Italienischer Vanillebiskuit 16
Schokoladenboden 17
Zitronenboden 18
Ganache 18
Schokoladen-Cupcakes 19
Vanille-Cupcakes 19
Amerikanische Buttercreme 20
Erdbeer-Buttercreme 20
Swiss-Meringue-Buttercreme 21
Mascarpone-Frischkäse-Creme 21
Marshmallow-Fondant 22
Royal Icing 22
Zuckerkleber 23
Zuckersirup 23
Baiser 24

REZEPTE

Fußball-Torte 29
Zirkus-Torte 33
Flamingo-Torte 39
Moustache -Torte 43
Schleifen-Törtchen 47
Swiss-Meringue-Tulpentorte 51
Ananas-Törtchen 55
Babytorte 57
Candy Drip Cake 61
Osterhasen-Torte 65
Sukkulenten-Naked-Cake 69
Schwebe-Torte 71
Einhorn-Torte 73
Ananas-Cupcakes 77
Clown-Cupcakes 79
Wassermelonen-Cupcakes 81
Kaktus-Cupcakes 83
Rosen-Cupcakes 85
Einhorn-Cupcakes 87
Chalkboard Cake 89
Zweistöckige Hochzeitstorte 91
Teddy-Cupcakes 95

GRUNDLAGEN

Stainless Steel

WERKZEUGE UND BACKHELFER

CAKE BOARDS

Cake Boards sind dünne, beschichtete Pappen, die es in verschiedenen Formen und Größen gibt. Sie sind sehr hilfreich, wenn man Torten vom Drehteller auf eine Tortenplatte setzen möchte. Bei mehrstöckigen Torten geben sie von unten Stabilität. Für einstöckige Torten sind Cake Boards kein Muss. Alternativ kann man sich auch Tortenuntersetzer zurechtschneiden, die es in gut sortierten Supermärkten zu kaufen gibt.

DREHTELLER

Zur Grundausstattung gehört ein Drehteller: Er erleichtert das Einstreichen der Torten ungemein. Allerdings muss es nicht gleich ein Profidrehteller sein, ein hölzerner Drehteller, den viele sicherlich zuhause haben, erfüllt den gleichen Zweck.

FONDANTGLÄTTER

Mit einem Fondantglätter, auch Smoother genannt, bekommt man den Rand und den Deckel einer Torte schön glatt. Idealerweise hat man zwei Glätter, mit denen man Tortendeckel und Tortenrand gleichzeitig bearbeiten kann.

LEBENSMITTELFARBE

Fondant, aber auch Baisermasse und Royal Icing kann man mit Lebensmittelfarben viele tolle Farben verleihen. Bitte keine anderen Farben für das Färben von Fondant verwenden, auch wenn der Fondant meist nicht gegessen wird!

Am besten eignet sich Lebensmittel-Farbgel oder -Farbpaste, weil sie sich schnell und gleichmäßig verteilt. Wenn ihr mit den Händen arbeitet, könnt ihr sie mit Einweghandschuhen vor der Farbe schützen.

Dunkle, kräftige Farbtöne wie schwarz, rot oder dunkelblau sind nicht ganz einfach herzustellen. Für diese Farbtöne empfehlen wir, farbigen Fondant zu kaufen.

MODELLIERWERKZEUGE

Fondantwerkzeuge sind nützliche Helfer bei der Herstellung von Fondant-Figuren. Fondantmesser, Ball-Werkzeug und Kegel-Werkzeug werden am häufigsten verwendet. Sets mit Werkzeugen gibt es bereits in jedem gut sortierten Supermarkt. Allerdings solltet ihr hier nicht die erstbesten nehmen, sondern ein wenig auf Qualität achten: Wir haben die Erfahrung gemacht, dass viele günstige Werkzeuge unsauber verarbeitet sind.

ROLLSTÄBE

Mit einem Rollstab oder alternativ einem Nudelholz aus Silikon lässt sich Fondant problemlos glatt ausrollen. Viele Rollstäbe haben Distanzringe, die dafür sorgen, dass der Fondant an allen Stellen gleich dick ist. Alternativ kann man Fondant zwischen zwei Teighölzern ausrollen, die die gleiche Funktion übernehmen. Ein langer Rollstab eignet sich auch gut, um den ausgerollten Fondant von der Arbeitsfläche auf die Torte zu transportieren.

SILIKONMATTE

Auf einer Silikonmatte, bestreut mit ein wenig Maisstärke, lässt Fondant sich gut ausrollen. Ein weiterer Vorteil der Matte: Der Fondant lässt sich mit ihrer Hilfe mühelos auf die Torte legen. Einfach die Matte mit dem ausgerollten Fondant nehmen und – Fondant nach unten – auf die Torte legen, dann die Matte abziehen ... und der Fondant hat den Transport ohne Risse überstanden.

SPRITZBEUTEL UND TÜLLEN

Wer regelmäßig Torten backt und sie schön verzieren möchte, kommt an Spritzbeuteln und Tüllen nicht vorbei. Schon mit einer kleinen Auswahl an Tüllen kann man ganz unterschiedliche Effekte erzielen. Als Grundausstattung sollte man sich verschiedene Stern- und Lochtüllen zulegen, eine Rosentülle und, wer mag, ein paar Blatttüllen.

Grundsätzlich empfehlen wir Metalltüllen. Manche Hersteller bieten kleine Starter-Sets an. Praktisch ist auch, wenn man die Tüllen in einer Box bekommt. So hat man immer einen guten Überblick, und die Tüllen sind sofort griffbereit.

Spritzbeutel gibt es in der Einweg- und in der Mehrwegvariante. Wir bevorzugen Einwegspritzbeutel, weil sie besonders hygienisch sind. Achtet beim Kauf darauf, dass die Spritzbeutel stabil sind: Nichts ist ärgerlicher, als wenn der Beutel beim Aufspritzen reißt oder platzt.

STÄRKE

Bäckerstärke oder Maisstärke verhindern, dass der Fondant an der Arbeitsfläche festklebt.

STREICHPALETTEN

Mit Paletten streicht man Cremes, Füllungen und Ganache glatt. Es gibt sie in verschiedenen Größen, als Winkel- und als Streichpalette.

TEIGKARTEN

Mit Teigkarten kann man den Rand einer Torte entweder glatt, wellig oder zackig ziehen. Sie sollten biegsam sein und für glatte Torten zwei glatte Seiten haben. Wichtig ist außerdem, dass sie einen rechten Winkel haben. Man setzt die eine glatte Kante nämlich unten auf einen Drehteller und fährt mit der zweiten Kante an der Torte entlang, während man den Teller dreht. Je nach Höhe der Torte muss eine Teigkarte mindestens 10 cm lang sein.

SCHABLONEN

Für die Deko einiger Rezepte in diesem Buch sind Schablonen nötig. Diese findet ihr zum Download auf der Verlags-Website unter www.emf-verlag.de/motivtorten.

WISSENSWERTES ÜBER FONDANT

FONDANTS UND BLÜTENPASTE

Fondant ist eine Zuckerpaste zum Überziehen von Motivtorten. Er wird oft auch Rollfondant genannt. Fondant kann man selber herstellen. Gerade Anfängern empfehlen wir allerdings, den Fondant fertig zu kaufen. Denn wenn man Fondant selbst herstellt, braucht man ein Gefühl für die richtige Konsistenz – und das bekommt man erst, wenn man Fondant schon oft verarbeitet hat. Wir raten euch, nicht das erstbeste und günstigste Produkt zu kaufen. Wir selbst arbeiten z. B. gerne mit Satin Ice.

Eine Variante des klassischen Fondants ist Marshmallow-Fondant. Er lässt sich einfacher herstellen als Rollfondant, ist schön weiß, elastischer und besser im Geschmack. Er ist sofort verwendbar und muss nicht erst 24 Stunden ruhen. Ein Rezept zur Herstellung von Marshmallow-Fondant findet ihr auf Seite 22.

Zum Modellieren kann man Rollfondant mit Blütenpaste zu einem elastischen Modellierfondant verkneten. Wir finden allerdings, dass man kleine und große Figuren auch mit Rollfondant sehr gut modellieren kann.

Für filigrane Motive wie Blüten eignet sich Blütenpaste prima. Sie trocknet sehr schnell, was einerseits gewünscht ist, andererseits auch ärgerlich sein kann. Deshalb solltet ihr immer nur kleine Mengen entnehmen und den Rest luftdicht verpacken, am besten in einem Zip-Beutel, der sich nach der Entnahme der Blütenpaste gut wieder verschließen lässt.

FEUCHTIGKEIT UND TEMPERATUR

Fondant mag keine Feuchtigkeit. Er löst sich dann auf. Deswegen sollte man ihn nicht im Kühlschrank lagern, denn dort ist es immer feucht. Für die Auswahl der Torte gilt also: Am besten verzichtet ihr auf Füllungen, die unbedingt stark gekühlt werden müssen. Wenn eine Fondant-Torte trotzdem kühl gelagert werden muss, ist ein kühler trockener Platz wie z. B. der Keller die erste Wahl. Falls ihr den Kühlschrank gar nicht umgehen könnt, wischt unbedingt eventuell vorhandenes Kondenswasser an der Rückwand ab, stellt den Kühlschrank auf die wärmste Stufe und überprüft immer wieder, ob der Fondant sich verändert, damit ihr die Torte gegebenenfalls sofort herausnehmen könnt.

Auch Tortenfüllungen mit hohem Wasseranteil mag der Fondant nicht. Deswegen spritzt man zwischen die Füllung und die Ummantelung einen Cremerand (siehe Seite 13, Bild 3) und überzieht die Torte mit Creme oder Ganache, bevor sie mit Fondant eingekleidet wird.

Aus Fondant modellierte Tortendeko mag den Kühlschrank übrigens ebenso wenig. Wenn man sie dunkel und trocken, z. B. in einem Karton, aufbewahrt, kann sie auch nach Monaten noch verwendet werden.

Fondant sollte immer bei Zimmertemperatur verarbeitet werden. Damit selbst gemachter Fondant etwas geschmeidiger wird, kann man die Hände vor dem Kneten mit Kokosfett einreiben.

1
2
3
4
5
6
7
8

TORTE STAPELN, EINSTREICHEN UND FONDANTTAUGLICH MACHEN

1. Einen vollständig ausgekühlten Tortenboden mit einem Cake Board auf einen Drehteller setzen. Wenn der Boden laut Rezept mit einer Flüssigkeit getränkt werden soll, wird er nun damit eingestrichen. Das klappt am besten mit einem Pinsel.

2. Nach Belieben nun einen Tortenring um den Boden legen. Er erleichtert das Stapeln, vor allem bei eher flüssigen Fruchtfüllungen oder Gelatinecremes. Wer mehr Übung hat, kann die nächsten Schritte auch ohne Tortenring machen.
Den Boden mit Konfitüre bestreichen, falls im Rezept vorgesehen.

3. Buttercreme (alternativ feste Ganache) in einen Spritzbeutel mit großer Lochtülle füllen und auf den Tortenboden geben. Die Creme zunächst kreisförmig am Rand der Torte aufspritzen. Bei Fondant-Torten mit Fruchtfüllungen verhindert dieser Cremerand, dass der Fondant direkt auf die Fruchtfüllung trifft und sich auflöst.
Wenn der Cremerand aufgespritzt ist, die gewünschte Füllung (Buttercreme, Fruchtfüllung oder Gelatinecreme) auf den Boden geben.

4. Den zweiten Boden auflegen, leicht andrücken und die Schritte 1–3 für die restlichen Böden wiederholen.

5. Für eine schräge Torte, z. B. die Zirkus-Torte auf S. 33, wird jetzt der obere Boden schräg angeschnitten.

6. Die überstehende Creme mit einer Winkelpalette glatt streichen. Dieser Schritt dient auch dazu, die Krümel zu binden. Danach die Torte etwa 30 Minuten kühl stellen. Ein Naked Cake wäre nun fertig.

7. Die Ganache wird in dickflüssigem Zustand auf die gestapelte Torte gegeben.

8. Ganache mit einer Winkelpalette glatt streichen und mit einer Teigkarte glatt ziehen.

Jetzt ist die Torte fondanttauglich. Anstelle der Ganache kann man auch Buttercreme zum Einstreichen verwenden.

Je sauberer die Creme oder Ganache aufgetragen wird, desto schöner wird das Ergebnis. Fondant versteckt nämlich keine unschönen Dellen oder Kanten.

1
2
3
4
5
6
7
8
9

TORTE EINDECKEN

1. Die Arbeitsfläche oder eine Silikonmatte leicht mit Maisstärke bestreuen und den Fondant zuerst gründlich durchkneten. Das kann je nach Menge und Qualität einige Minuten dauern. Die Konsistenz sollte schön elastisch sein.

2. Den Fondant ausrollen, dabei immer wieder etwas anheben und drehen, damit er nicht festklebt. Darauf achten, dass der Fondant nicht zu dünn wird – ideal sind 3–5 mm Dicke. Der ausgerollte Fondant sollte mindestens den Durchmesser plus etwa die dreifache Höhe der Torte haben.

3. Den ausgerollten Fondant zur Hälfte über den Arm legen oder über einen großen Rollstab ziehen und auf die Torte legen.

4. Den Fondant zunächst leicht in Form der Torte legen …

5. … und dann von oben nach unten glatt streichen.

6. Den überschüssigen Fondant sauber am Tortenrand abschneiden.

7. Mit zwei Fondantglättern glatt streichen, ebenfalls von oben nach unten.

8. Für eine zweistöckige Torte muss der untere Boden stabilisiert werden. Hierfür eignen sich Cake-Pop-Stiele oder spezielle Tortendübel. Sie werden auf die Höhe der unteren Torte gekürzt und in die Torte gesteckt, sodass die obere Torte die Stiele verdeckt.

9. Die zweite Etage wird mit etwas Royal Icing (siehe Seite 22) mittig auf die untere gesetzt.

Zum Anschneiden wird die obere Torte in den meisten Fällen wieder heruntergenommen und auf eine zweite Tortenplatte gesetzt.

ITALIENISCHER VANILLEBISKUIT

ZUTATEN

Für 16 cm Ø
3 Eier (M)
1 Päckchen Vanillezucker
90 g Zucker
70 g Mehl
30 g Speisestärke
Salz

Für 22 cm Ø
5 Eier
1 Päckchen Vanillezucker
150 g Zucker
110 g Mehl
50 g Speisestärke
Salz

Außerdem
Fett und Mehl oder Backtrennspray für die Formen

für 3 Springformen (16 bzw. 22 cm Ø)

ZUBEREITUNG

Den Backofen auf 175 °C Ober-/Unterhitze vorheizen. Drei Springformen der gewünschten Größe ausfetten und mit Mehl bestäuben oder mit Backtrennspray einsprühen.

Die Eier, Vanillezucker und Zucker mit dem Schneebesen einer Küchenmaschine auf höchster Stufe 10–15 Minuten aufschlagen, bis eine sehr dickcremige Masse entstanden ist. Mehl mit Speisestärke und 1 Prise Salz mischen, in 3 Portionen auf die Eier-Masse sieben und jeweils sehr vorsichtig unterheben.

Den Teig gleichmäßig auf die Springformen verteilen und die Formen einmal auf die Arbeitsplatte klopfen, sodass Luftblasen entweichen können. Im vorgeheizten Ofen goldbraun backen. Das dauert bei einem Biskuit mit 16 cm Durchmesser etwa 20–25 Minuten, bei einem Biskuit mit 22 cm Durchmesser 30–35 Minuten. Die Stäbchenprobe nicht vergessen!

Die Biskuits aus dem Ofen nehmen und sofort aus der Form lösen. Auf einem Kuchengitter auskühlen lassen, dann in Frischhaltefolie wickeln und über Nacht ruhen lassen oder mindestens 4 Stunden kühlen, erst dann weiterverarbeiten.

Wichtig: Den Backofen auf gar keinen Fall vor Ablauf der ersten 20 Minuten öffnen.

SCHOKOLADENBODEN

ZUTATEN

200 g sehr weiche Butter

250 g Zucker

Salz

2 Eier (M)

1 TL Vanilleextrakt

300 g Mehl (Type 405)

1,5 TL Backpulver

1 TL Natron

40 g Kakaopulver (ungesüßt)

200 ml Milch

150 ml Mineralwasser mit Kohlensäure

für 2 Springformen (16 cm Ø)

ZUBEREITUNG

Den Backofen auf 175 °C Ober-/Unterhitze vorheizen. Den Boden von 2 Springformen mit Backpapier belegen.

Butter und Zucker mit 1 Prise Salz schaumig schlagen. Die Eier nacheinander unterschlagen – jedes etwa 30 Sekunden, dann den Vanilleextrakt dazugeben. Das Mehl mit Backpulver, Natron und Kakao mischen und im Wechsel mit Milch und Mineralwasser unter die Butter-Ei-Masse heben.

Den Teig auf die beiden Springformen verteilen und im vorgeheizten Ofen etwa 40–45 Minuten backen. Stäbchenprobe nicht vergessen!

Die Böden aus dem Ofen nehmen und etwa 5 Minuten abkühlen lassen. Dann aus der Form lösen und auf einem Kuchengitter vollständig auskühlen lassen.

ZITRONENBODEN

ZUTATEN

300 g weiche Butter

250 g Zucker

4 Eier (M)

abgeriebene Schale von 1 Bio-Zitrone

Saft von ½ Zitrone

300 g Mehl

1 Päckchen Backpulver

100 ml Mineralwasser mit Kohlensäure

50 ml Milch

für 2 Springformen (16 cm Ø)

ZUBEREITUNG

Den Backofen auf 175 °C Ober-/Unterhitze vorheizen. Den Boden von 2 Springformen mit Backpapier belegen.

Butter und Zucker schaumig schlagen. Die Eier nacheinander unterschlagen – jedes etwa 30 Sekunden. Dann Zitronenschale und Zitronensaft dazugeben. Das Mehl mit dem Backpulver mischen und im Wechsel mit Mineralwasser und Milch unter die Butter-Ei-Masse heben.

Den Teig auf beide Springformen verteilen und im vorgeheizten Ofen etwa 40 Minuten backen. Stäbchenprobe nicht vergessen!

Die Böden aus dem Ofen nehmen und etwa 5 Minuten abkühlen lassen. Dann aus der Form lösen und auf einem Kuchengitter vollständig auskühlen lassen.

GANACHE

ZUTATEN

400 g Schokolade (Vollmilch oder Zartbitter)

200 g Sahne

3 EL Honig

für 1 Torte von 22 cm Ø

ZUBEREITUNG

Die Schokolade hacken und in eine Schüssel geben. Sahne in einem kleinen Topf aufkochen lassen, vom Herd nehmen und über die Schokolade gießen. Dann mit einem Schneebesen zu einer homogenen Masse rühren. Den Honig unterrühren. Die Ganache luftdicht verschließen und auf Raumtemperatur abkühlen lassen.

SCHOKOLADEN-CUPCAKES

ZUTATEN

30 g Kuvertüre (Vollmilch oder Zartbitter)

125 g weiche Butter

125 g Zucker

2 Eier (M)

150 g Mehl | 2 TL Backpulver

2 EL Kakaopulver (ungesüßt)

für 12 Cupcakes

ZUBEREITUNG

Den Backofen auf 180 °C Ober-/Unterhitze vorheizen.

Die Kuvertüre schmelzen. Die Butter mit dem Zucker cremig schlagen, dann die Kuvertüre unterrühren. Die Eier nacheinander unterschlagen – jedes etwa 30 Sekunden. Mehl, Backpulver und Kakao vermischen und unter die Butter-Ei-Masse rühren.

Die Temperatur des Backofens auf 170 °C senken. Cupcake-Förmchen aus Papier zu zwei Dritteln mit dem Teig befüllen und die Cupcakes im vorgeheizten Ofen etwa 18 Minuten backen. Stäbchenprobe nicht vergessen! Aus dem Ofen nehmen und auf einem Kuchengitter auskühlen lassen.

VANILLE-CUPCAKES

ZUTATEN

125 g weiche Butter

125 g Zucker

1 Päckchen Vanillezucker

2 Eier (M)

125 g Mehl | 1 TL Backpulver

1 EL Milch

für 12 Cupcakes

ZUBEREITUNG

Den Backofen auf 180 °C Ober-/Unterhitze vorheizen.

Die Butter mit Zucker und Vanillezucker cremig schlagen. Die Eier nacheinander unterschlagen – jedes etwa 30 Sekunden. Mehl und Backpulver mischen, mit der Milch zur Butter-Ei-Masse geben und kurz verrühren.

Cupcake-Förmchen aus Papier zu zwei Dritteln mit dem Teig befüllen und die Cupcakes im vorgeheizten Ofen etwa 18 Minuten backen. Stäbchenprobe nicht vergessen! Aus dem Ofen nehmen und auf einem Kuchengitter auskühlen lassen.

AMERIKANISCHE BUTTERCREME

ZUTATEN

150 g weiche Butter
3 ml Vanilleextrakt
350 g Puderzucker, gesiebt
30 ml Milch

für 12 Cupcakes oder 1 Torte von 22 cm Ø

ZUBEREITUNG

Die Butter und den Vanilleextrakt mit dem Schneebesen einer Küchenmaschine aufschlagen, bis die Masse weiß und cremig ist. Das dauert etwa 5–10 Minuten. Dann den Puderzucker löffelweise unterschlagen, erst danach die Milch dazugeben.

Insgesamt dauert das Schlagen der Creme 10–15 Minuten.

ERDBEER-BUTTERCREME

ZUTATEN

500 g weiche Butter
750 g Puderzucker, gesiebt
500 g Erdbeeren

für 12 Cupcakes oder 1 Torte von 22 cm Ø

ZUBEREITUNG

Die Butter mit dem Schneebesen einer Küchenmaschine aufschlagen, bis sie weiß und cremig ist. Das dauert etwa 5–10 Minuten. Dann den Puderzucker löffelweise unterschlagen und weitere 10 Minuten schlagen.

In der Zwischenzeit die Erdbeeren waschen, putzen, trocken tupfen, sehr klein schneiden und in einem Sieb abtropfen lassen. Die Erdbeeren zur Buttercreme geben und die Creme noch 1 Minute schlagen.

Diese Creme eignet sich sehr gut als Tortenfüllung.

SWISS-MERINGUE-BUTTERCREME

ZUTATEN

6 Eiweiß (M)
240 g feiner Zucker
360 g weiche Butter
Aroma, nach Belieben

für 12 Cupcakes oder eine Torte von 16 cm Ø

ZUBEREITUNG

Das Eiweiß mit dem Zucker über einem heißen Wasserbad unter Rühren auf 60 °C erhitzen, bis der Zucker sich gelöst hat. Zum Überprüfen der Temperatur am besten ein digitales Lebensmittelthermometer verwenden.

Eiweiß-Masse in eine Schüssel geben und mit der Küchenmaschine weiß aufschlagen. Wenn die Masse weiß und auf Raumtemperatur abgekühlt ist, die weiche Butter portionsweise unterschlagen. Die Creme gerinnt zunächst, wird dann aber wieder cremig. Nach Belieben Aroma zugeben.

Die Creme kann sofort verwendet werden. Sie ist im Kühlschrank 3–5 Tage haltbar und kann sogar eingefroren werden, muss nach dem Auftauen aber wieder aufgeschlagen werden.

MASCARPONE-FRISCHKÄSE-CREME

ZUTATEN

70 g weiche Butter
70 g Puderzucker, gesiebt
150 g Frischkäse
200 g Mascarpone

für 12 Cupcakes oder eine Torte von 18 cm Ø

ZUBEREITUNG

Die Butter hell aufschlagen. Den Puderzucker löffelweise unter die Butter schlagen, dabei darauf achten, dass die Creme keine Klümpchen hat, da sie sonst nicht sauber durch die Spritztülle gedrückt werden kann. Frischkäse und Mascarpone hinzugeben und kurz unterschlagen.

Die Creme eignet sich als Frosting für Cupcakes und Torten.

MARSHMALLOW-FONDANT

ZUTATEN

500 g weiße Marshmallows

Farbgel, nach Belieben

1 kg Puderzucker

Außerdem
pflanzliches Fett für die Hände

für 1 Torte von 22 cm Ø und Dekoration

ZUBEREITUNG

Die Marshmallows mit 3 EL Wasser beträufeln und in der Mikrowelle bei 600 Watt (etwa 3 mal 25 Sek.) erhitzen, sodass sie schmelzen. Zwischendurch umrühren, damit sich alle Marshmallows auflösen.

Nach Belieben Farbgel zur Masse geben und unterrühren. Puderzucker auf die Marshmallow-Masse sieben und mit eingefetteten Händen einarbeiten.

Marshmallow-Fondant kann sofort verwendet werden. Luftdicht verpackt hält er sich im Kühlschrank mehrere Wochen. Etwa 1-2 Stunden vor der Weiterverarbeitung aus dem Kühlschrank nehmen.

ROYAL ICING

ZUTATEN

1 Eiweiß

250 g Puderzucker, gesiebt

Farbgel, nach Belieben

ZUBEREITUNG

Das Eiweiß steif schlagen. Den Puderzucker löffelweise unterschlagen, bis die Masse eine fluffige, dicke Konsistenz hat. Die Konsistenz ist perfekt, wenn beim Herausheben des Schneebesens lange Spitzen stehen bleiben.

Das Royal Icing ist sofort verwendbar. Es sollte unbedingt luftdicht verschlossen aufbewahrt werden, da es schnell austrocknet. Mit Wasser oder Zitronensaft verdünnt, eignet es sich auch als Überzug für Kekse.

ZUCKERKLEBER

ZUTATEN

¼ TL CMC-Pulver
1 Schraubglas für 100 ml

für 25 ml

ZUBEREITUNG

Das CMC-Pulver in einem kleinen Schraubglas mit 50 ml warmem Wasser mischen und kräftig schütteln, bis es sich gelöst hat. Nach einiger Zeit nimmt die Flüssigkeit eine gelartige Konsistenz an. Den Zuckerkleber am besten einen Tag im Voraus zubereiten. Luftdicht und kühl gelagert, ist er etwa 1 Woche haltbar.

TIPP

Sollte der Kleber nach ein paar Tagen zu trocken sein, kann man einfach etwas Wasser dazugeben. Alternativ kann man fertigen Kleber auch online kaufen oder mit Wasser bzw. Alkohol kleben.

ZUCKERSIRUP

ZUTATEN

120 g feiner Zucker
5 ml Aroma, nach Belieben

für 180 ml

ZUBEREITUNG

Den Zucker mit 130 ml Wasser in einen kleinen Topf geben und unter Rühren köcheln lassen, bis der Zucker sich gelöst hat. Nach Belieben Aroma hinzugeben.

Den Zuckersirup abkühlen lassen und weiterverarbeiten oder in einem Schraubglas im Kühlschrank aufbewahren. Dort ist er etwa 3 Wochen haltbar!

BAISER

ZUTATEN

2 Eiweiß

Salz

120 g feinster Zucker

½ TL Zitronensaft, frisch gepresst

Farbgel, nach Belieben

für 1 Backblech Baisertuffs

ZUBEREITUNG

Den Backofen auf 100 °C Ober-/Unterhitze vorheizen. Ein Backblech mit Backpapier belegen.

Das Eiweiß in einer fettfreien und trockenen Schüssel mit 1 Prise Salz sehr steif schlagen, dabei den Zucker langsam einrieseln lassen. Zitronensaft dazugeben. So lange weiterschlagen, bis der Zucker sich aufgelöst hat und die Masse glänzt. Wenn man den Schneebesen herausnimmt, sollten Eiweißspitzen stehen bleiben. Lebensmittelfarbe als Paste oder Pulver (nie flüssig!) einrühren. Nicht zu viel verwenden, damit die Baisermasse nicht zu flüssig wird.

Die Baisermasse in einen Spritzbeutel mit einer Stern- oder Lochtülle füllen und mit etwas Abstand in der gewünschten Form auf das Blech spritzen. Etwa 1,5–2 Stunden mit leicht geöffneter Backofentür backen bzw. trocknen lassen – am besten den Stiel eines Holzkochlöffels in die Backofentür klemmen.

Die Baisers sind fertig, wenn sie sich leicht vom Backpapier lösen lassen. Im geschlossenen Ofen abkühlen lassen. Luftdicht verpackt halten sich die Baisers mehrere Wochen.

REZEPTE

FUSSBALL-TORTE

ZUTATEN

Für die untere Ebene

1 Rezept Vanillebiskuit (für 22 cm Ø)

1 Rezept Amerikanische Buttercreme

100 g Nuss-Nugat-Creme

1 Rezept Ganache

1 kg Fondant grün

je 50 g Fondant schwarz, rot, gelb

Für die obere Ebene

1 Rezept Vanillebiskuit (für 16 cm Ø), als Halbkugel

½ Rezept Ganache

300 g Fondant weiß

200 g Fondant schwarz

Außerdem

1 Cake Board

Maisstärke

Pizzaschneider

Zuckerkleber + Pinsel

Halbkugel-Backform (16 cm Ø)

Backtrennspray

Sechseck-Vorlage

Fünfeck-Vorlage

Cake-Pop-Stiele

Knoblauchpresse

ZUBEREITUNG

1. Den Biskuit für die untere Ebene nach dem Grundrezept backen, sofort aus den Formen lösen und auskühlen lassen.

2. Die Buttercreme nach dem Grundrezept herstellen und mit Nuss-Nugat-Creme mischen. Den ersten Biskuitboden auf ein Cake Board setzen und mit der Hälfte der Creme bestreichen. Den zweiten Boden auflegen und den Vorgang wiederholen. Den letzten Boden mit der unteren Seite nach oben auflegen. Die Torte etwa 1 Stunde kühl stellen.

3. Die Ganache nach dem Grundrezept herstellen und über die Torte geben, glatt streichen und scharfe Kanten formen.

4. Den grünen Fondant weich kneten und auf einer mit Maisstärke bemehlten Arbeitsfläche ausrollen. Die Torte eindecken, den Rand sauber abschneiden. Für die Bordüre je ein schwarzes, rotes und gelbes Stück Fondant etwa 70 cm lang ausrollen und in etwa 2 cm breite Streifen schneiden. Das klappt mit einem Pizzaschneider ganz wunderbar. Den unteren Rand der Torte mit Zuckerkleber bestreichen und die Streifen rundum andrücken.

5. Für die obere Ebene die Halbkugel-Backform mit Backtrennspray sehr gut einfetten und einen Biskuit darin etwa 30 Minuten backen. Stäbchenprobe nicht vergessen. Aus dem Ofen nehmen und sofort aus der Form stürzen. Auskühlen lassen.

6. Die Ganache nach dem Grundrezept herstellen. Den Biskuit wieder in die Form legen und mit einem Messer begradigen. Die Halbkugel auf ein Cake Board legen und mit der Ganache einstreichen. (Bild 1–3)

SO GEHT'S WEITER

7. Schwarzen und weißen Fondant weich kneten, ausrollen und nach der Vorlage 6 schwarze Fünfecke und 8 weiße Sechsecke daraus ausschneiden. Die Formen auf die Halbkugel kleben, dabei oben in der Mitte mit einem schwarzen Fünfeck beginnen. (Bild 4–6)

8. Für die unterste Reihe die Sechsecke halbieren, damit sie nicht über die Halbkugel hinausragen. (Bild 7)

9. Die untere Ebene der Torte mit Cake-Pop-Stielen stabilisieren und den Fußball auflegen. Den grünen Fondant rund um die Halbkugel mit Zuckerkleber einstreichen. Für den Graseffekt grünen Fondant durch eine Knoblauchpresse drücken und um den Fußball herum aufkleben. (Bild 8–10)

7

8

9

10

Außerdem

Maisstärke

5 Cake-Pop-Stiele oder Tortendübel

1 Cake Board

Kreisausstecher (10 cm Ø)

Zuckerkleber + Pinsel

1 Holzspieß

Ausstecher für die Wimpelkette

Blumenausstecher

Ausstecher für Bordüren

ZIRKUS-TORTE

ZUTATEN

Für die untere Ebene
1 Rezept Vanillebiskuit (für 22 cm Ø)

1 Rezept Erdbeer-Buttercreme

1 Rezept Ganache

800 g Fondant türkis

150 g Fondant in verschiedenen Farben für Wimpelkette und Bordüren

Für die obere Ebene
1 Rezept Vanillebiskuit (für 22 cm Ø, gebacken auf einem Blech 30 × 40 cm)

½ Rezept Buttercreme

abgeriebene Schale von ½ Bio-Zitrone

½ Rezept Ganache

1 Clown nach Anleitung auf Seite 36, aber ohne Unterkörper

200 g Fondant weiß

200 g Fondant rot

Popcorn, nach Belieben

½ Rezept Royal Icing

ZUBEREITUNG

Mit der Herstellung der Dekoration 2 Tage vorher beginnen.

1. Wenn der Clown, wie auf dem Bild links, aus der Popcorntüte schauen soll, nur den Oberkörper des Clowns herstellen. Alternativ eine vollständige Clownfigur formen, die an der Popcorn-Tüte lehnen kann (Anleitung Seite 36–37). Die Figur trocknen lassen.

2. Für die untere Ebene möglichst am Vortag den Biskuit nach dem Grundrezept backen, aus der Form lösen und abkühlen lassen.

3. Für die obere Ebene einen Biskuit nach dem Grundrezept auf einem mit Backpapier belegten Blech etwa 15 Minuten goldgelb backen. Aus dem Ofen nehmen und auf einem Kuchengitter abkühlen lassen.

4. Am Tag der Fertigstellung für die untere Ebene die Erdbeer-Buttercreme nach dem Grundrezept herstellen. Den ersten Biskuitboden auf ein Cake Board setzen und mit der Hälfte der Buttercreme bestreichen. Den zweiten Boden auflegen und den Vorgang wiederholen. Den letzten Boden mit der unteren Seite nach oben auflegen und die Torte etwa 1 Stunde kühl stellen.

5. Die Torte schräg anschneiden (siehe Seite 13, Bild 5).

6. Die Ganache nach dem Grundrezept herstellen und über die Torte geben. Torte vollständig einstreichen und die Ganache glatt ziehen.

7. Den Fondant in Türkis weich kneten und auf einer mit Maisstärke bemehlten Arbeitsfläche 3–5 mm dick ausrollen. Die Torte mit Fondant einkleiden, überschüssigen Fondant sauber abschneiden.

1

2

SO GEHT'S WEITER

8. Die Torte mit Cake-Pop-Stielen oder Tortendübeln stabilisieren. Hierfür die höchste Stelle ausmessen und alle Stiele auf diese Höhe zuschneiden. Die Cake-Pop-Stiele dürfen an der schrägen Stelle überstehen.

9. Für die Popcorn-Tüte aus dem Biskuit, der auf dem Blech gebacken wurde, 6 Kreise ausstechen. ½ Rezept Buttercreme herstellen und mit der Zitronenschale verfeinern.

10. Den ersten Biskuitkreis auf ein Cake Board setzen und mit einem Fünftel der Buttercreme bestreichen. Den zweiten Kreis auflegen und den Vorgang wiederholen, bis alle Kreise aufgebraucht sind. Etwa 1 Stunde kühl stellen.

11. ½ Rezept Ganache herstellen und auf die kleine Torte geben. Die Torte einstreichen, glatt ziehen und scharfe Kanten formen.

12. Roten und weißen Fondant weich kneten, ausrollen und in 2 cm breite Streifen schneiden. Die Länge der Tortenhöhe anpassen. Weiße und rote Streifen im Wechsel um die Torte kleben. Etwa 60 g weißen Fondant weich kneten und zu einem Strang rollen. Diesen auf die Kante der Popcorn-Tüte kleben. (Bild 1)

13. Das Royal Icing nach dem Grundrezept herstellen, in einen Spritzbeutel füllen und eine kleine Spitze abschneiden.

14. Die Popcorn-Tüte auf die untere Ebene setzen. An den Stellen, an denen die Tüte die untere Ebene berührt, mit Royal Icing festkleben. Den Clown mithilfe des Holzspießes in der Popcorn-Tüte feststecken und mit Popcorn dekorieren. Ein wenig Popcorn unter die Popcorn-Tüte schieben, um die Cake-Pop-Stiele bzw. Tortendübel zu verstecken.

15. Für die untere Ebene eine Wimpelkette herstellen. Hierfür Fondant in verschiedenen Farben ausrollen und Dreiecke ausstechen. Aus grauem Fondant ein Band für die Wimpelkette formen und mit Zuckerkleber an den Rand kleben. Mit Blümchen und Wimpeln dekorieren. Für den Abschluss am unteren Rand der Torte gelben Fondant weich kneten und 3 mm dick ausrollen. Mit einem Bordüren-Ausstecher zurechtschneiden und um die Torte kleben. (Bild 2)

Für die Clownfigur
300 g Fondant in weiß, schwarz, weitere Farben nach Belieben
70 g Fondant hautfarben

CLOWNFIGUR

1. Für die Hose aus blauem Fondant einen Kegel (3,5 x 4 cm) formen und mit dem Fondantschneider die Hosenbeine einritzen. Für das Hemd weißen Fondant kegelförmig formen (4 × 4 cm) und oben leicht abrunden.

2. Für den Kopf ein Stück hautfarbenen Fondant zur Kugel formen und flach drücken. Mit dem Ball-Werkzeug die Augen eindrücken. 2 kleine hautfarbene Kugeln für die Ohren formen und mit dem Ball-Werkzeug eindrücken. Die Enden zusammendrücken und mit Zuckerkleber an den Kopf kleben. (Bild 1–2)

3. Die Augen aus weißem Fondant formen und in die Augenhöhlen kleben. Gelben Fondant dünn ausrollen und zu Augenbrauen drehen, aufkleben. Aus einer weißen Kugel den Mund formen, mit dem Kegel-Werkzeug modellieren und ankleben. (Bild 3–4)

4. Für die Nase einen roten Kegel formen und zwischen Augen und Mund kleben. (Bild 5)

5. Für die Augen 2 kleine schwarze Kugeln formen und aufkleben. Die Haare aus vielen kleinen Kugeln formen und hinter die Ohren kleben. (Bild 6)

6. Nun Hose und Hemd auf einen Holzspieß stecken, den Kopf ebenfalls aufstecken. (Bild 7)

7. Aus grünem Fondant Hosenträger zurechtschneiden und auf die Hose kleben. Aus kleinen gelben Kugeln Knöpfe formen und mit einem Zahnstocher Knopflöcher anbringen. Knöpfe aufkleben. (Bild 7–8)

8. Für die Fliege drei kleine Fondantstücke zu einer Kugel und zwei Kegeln formen. Die Kegel mit dem Fondantschneider etwas eindrücken. Die Fliege aufkleben. (Bild 9)

9. Die Arme aus weißem Fondant formen und mit dem Schneide-Werkzeug modellieren. Für die Hände hautfarbenen Fondant zu kleinen Tropfen formen und mit einer Schere den Daumen einschneiden, dann an den Arm kleben. Die Arme an den Oberkörper kleben und mit Wattepads abstützen. (Bild 10–11)

10. Zum Schluss aus braunem Fondant Schuhe formen und ankleben. (Bild 11)

11. Mit einem Mini-Sternausstecher zwei Sterne ausstechen und auf die Hosenträger kleben. Für den Hut eine türkisfarbene Kugel zu einem Kegel formen, auf den Holzspieß schieben und festkleben. Eine kleinere Kugel in Türkis oder Weiß daraufsetzen. Den Hut mit kleinen Kügelchen verzieren. (Bild 12)

12. Den Clown mindestens 24 Stunden trocknen lassen.

FLAMINGO-TORTE

ZUTATEN

Für die Böden
1 Rezept Vanillebiskuit (für 16 cm Ø)

Für die Füllung
6 TL Kokossirup

100 g Himbeerkonfitüre

½ Rezept Swiss-Meringue-Buttercreme

Für die Dekoration
200 g Blütenpaste

Farbgel pink und rosa

1 kg Fondant weiß

Außerdem
1 Zahnstocher

Zuckerkleber + Pinsel

Schaumstoffunterlage, nach Belieben

Maisstärke

Kreisausstecher (3 cm Ø)

2 Holzspieße

3 Ausstecher für Hawaii-Blumen in verschiedenen Größen

Ball-Werkzeug

Tortenring

9 Zuckerperlen

Goldpulver, nach Belieben

ZUBEREITUNG

Mit der Herstellung der Dekoration am Vortag beginnen.

1. Für den Flamingo die Blütenpaste weich kneten und pink färben, bis auf ein kleines Stück für den Schnabel. Aus 100 g Blütenpaste den Hals und den Körper des Flamingos und aus der weißen Blütenpaste den Schnabel formen. Den Hals an den Körper kleben. Den Schnabel mit einem Zahnstocher an den Hals stecken und zusätzlich mit Zuckerkleber ankleben. (Bild 1–2)

2. 50 g Blütenpaste für die Ruffles möglichst dünn ausrollen und mit einem Ausstecher Kreise ausstechen. Die Kreise zweimal locker falten und auf den Körper des Flamingos kleben. Zwei Holzspieße für die Beine in den Körper stecken. So mindestens 24 Stunden fest werden lassen. (Bild 3)

3. Die restliche Blütenpaste für die Blumen sehr dünn ausrollen. Mit Blumenausstechern in 3 Größen je 3 Blüten ausstechen. Die Blüten auf eine Schaumstoffmatte legen und die Blütenränder mit einem Ball-Werkzeug ausdünnen. Zum Trocknen in Eierbecher oder Schälchen legen und etwa 24 Stunden trocknen lassen. (Bild 4)

4. Den Biskuit nach dem Grundrezept backen. Auskühlen lassen und gleichmäßig mit dem Kokossirup beträufeln.

5. Am Tag der Fertigstellung die Swiss-Meringue-Buttercreme nach dem Grundrezept herstellen.

6. Den ersten Boden auf eine Tortenplatte legen und mit einem Tortenring umschließen. Die Hälfte der Konfitüre auf den Biskuit streichen. Ein Viertel der Swiss-Meringue-Butter-

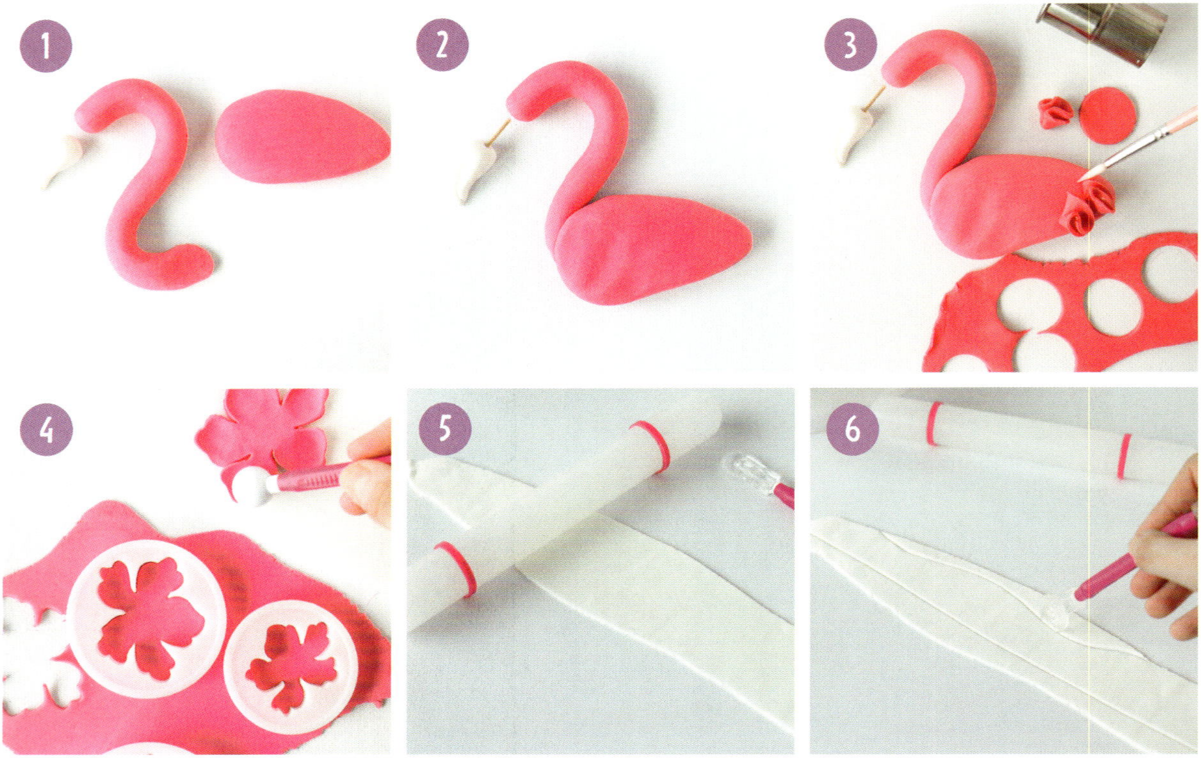

SO GEHT'S WEITER

creme daraufgeben und glatt streichen. Den zweiten Boden auflegen und den Vorgang wiederholen, dann den letzten Boden mit der unteren Seite nach oben auflegen. Die Torte etwa 1 Stunde kühl stellen. Aus dem Kühlschrank nehmen und vorsichtig aus dem Ring lösen. Dünn mit Swiss-Meringue-Buttercreme einstreichen, weitere 30 Minuten kühl stellen, dann mit der restlichen Buttercreme einstreichen und scharfe Kanten formen. Noch einmal 30 Minuten kühl stellen.

7. Für die Dekoration 700 g weißen Fondant weich kneten und auf einer mit Maisstärke bemehlten Arbeitsfläche etwa 3 mm dick ausrollen. Die Torte damit eindecken. Den Fondant mit Fondantglättern vorsichtig andrücken und glätten. Überschüssigen Fondant abschneiden.

8. Für die Ruffles etwas weißen Fondant ungefähr 2 mm dick und 3 cm breit ausrollen, eine Seite gerade abschneiden, die andere Seite wellenartig. Die Torte im oberen Bereich

mit Zuckerkleber bestreichen und eine Rüsche um die Torte kleben. Am Rand leicht andrücken, den oberen Bereich mit einem Pinsel vorsichtig formen, an einigen Stellen ein wenig nach außen drücken. Den Vorgang mit einer weiteren weißen Rüsche wiederholen. (Bild 5–8)

9. Die Hälfte des restlichen Fondants rosa färben. Wieder ein kleines Stück ausrollen und zurechtschneiden. Zwei Ruffles ankleben. Den restlichen Fondant kräftig pink färben und zwei weitere Ruffles formen. Darauf achten, dass die letzte Rüsche einen sauberen Abschluss hat. (Bild 9–11)

9. Die am Vortag angefertigten Blütenblätter unterschiedlicher Größen mit etwas Zuckerkleber aufeinanderkleben. 3 weiße Zuckerperlen in jede Blüte kleben und mit essbarem Goldpulver bestreuen. (Bild 12)

10. Vor dem Servieren den Flamingo auf die Torte stecken, mit Blumen dekorieren und mit etwas essbarem Goldpulver bestreuen.

MOUSTACHE-TORTE

ZUTATEN

Für die Böden
1 Rezept Schokoladenboden

Für die Füllung
1 Rezept Amerikanische Buttercreme

3 EL Irischer Whiskey-Likör

1 Rezept Ganache

Für die Dekoration
1 kg Fondant weiß

Farbgel dunkelbraun, beige

ca. 50 g Speisestärke

1 EL Wodka

50 g Blütenpaste

Farbpulver kupferfarben

Außerdem
Maisstärke

Kreisausstecher (1,5 cm Ø)

Ball-Werkzeug

kleine Lochtülle oder Zahnstocher

Schnurrbart-Schablone

2 Holzspieße

Fliegen-Schablone

Zuckerkleber + Pinsel

Wattepads

1 Cake Board

ZUBEREITUNG

Mit der Herstellung der Dekoration am Vortag beginnen.

1. 200 g Fondant braun färben. Für die Knöpfe eine kleine Menge abnehmen, weich kneten und etwa 3 mm dick ausrollen. Mit dem Kreisausstecher 3 Kreise ausstechen, mit dem Ball-Werkzeug eine Kuhle hineindrücken und mit der Lochtülle oder einem Zahnstocher je 2 Knopflöcher ausstechen. (Bild 1)

2. Für den Schnurrbart 100 g braunen Fondant mit Speisestärke verkneten, bis der Fondant fester wird, dann etwa 5 mm dick ausrollen. Die Schnurrbart-Schablone (8 × 6 cm) auflegen und ausschneiden. Die Holzspieße langsam in den Schnurrbart stecken. Mit einen Fondantmesser Rillen in den Schnurrbart drücken. Braunes Farbgel mit etwas Wodka verdünnen und den Schnurrbart entlang der Rillen von innen nach außen bemalen. Am besten funktioniert das nach 24 Stunden, wenn der Fondant trocken ist. (Bild 2–5)

3. Für die Fliege die Blütenpaste beige färben, weich kneten und etwa 2 mm dick ausrollen. Die Fliegen-Schablone (8,5 × 4 cm) auflegen und ausschneiden. (Bild 6)

4. Ein Wattepad in die Mitte der einen Seite legen und das Rechteck zur Mitte klappen, sodass eine Schlaufe entsteht. Mit Zuckerkleber befestigen. Den Vorgang auf der anderen Seite wiederholen. (Bild 7)

5. Für das Mittelstück der Fliege die restliche beige Blütenpaste etwa 1,5 mm dick ausrollen und in 2 Streifen à 6 × 2 cm schneiden. Etwas versetzt aufeinanderkleben und auf eine Breite von 2 cm zurückschneiden. (Bild 8–9)

6. Das Mittelstück auf die Fliege legen und von vorn nach hinten klappen. Festkleben. Falls nötig auf der Rückseite kürzen. (Bild 10)

SO GEHT'S WEITER

7. Mit den Fingern die Seiten leicht formen. Die Fliege so mindestens 24 Stunden trocknen lassen. Danach die Wattepads entfernen.

8. Die beiden Schokoladenböden möglichst am Vortag nach dem Grundrezept backen, auskühlen lassen und je einmal waagerecht halbieren.

9. Am Tag der Fertigstellung für die Füllung die Buttercreme nach dem Grundrezept herstellen und den Whiskey-Likör unterrühren.

10. Den ersten Boden auf ein Cake Board setzen und mit einem Drittel der Whiskey-Buttercreme bestreichen. Den zweiten und dritten Boden auflegen und den Vorgang jeweils wiederholen. Den letzten Boden mit der unteren Seite nach oben auflegen und die Torte etwa 1 Stunde kühl stellen. Währenddessen die Ganache herstellen. Über die Torte geben, glatt streichen und scharfe Kanten formen.

11. 800 g Fondant weich kneten und auf einer mit Maisstärke bemehlten Arbeitsfläche 3–5 mm dick ausrollen. Die Torte eindecken, die Ränder sauber abschneiden.

12. Für die Hosenträger braunen Fondant weich kneten, etwa 2 mm dick ausrollen und in etwa 2 cm breite Streifen schneiden. Die Länge muss der Tortenhöhe angepasst werden. 2 schmale Stücke Fondant als Schnallen abschneiden und mit Kupferfarbe anmalen. (Bild 11)

13. Für den unteren Tortenrand braunen Fondant etwa 2 cm breit ausrollen. Die Länge entspricht dem Umfang der Torte (ca. 50 cm). Den unteren Teil der Torte mit Zuckerkleber einstreichen und den Rand sofort andrücken.

14. Sind die Dekorationen fertig, kann die Torte dekoriert werden. Hierfür die Knöpfe, Hosenträger, Schnallen und Fliege mit Zuckerkleber ankleben. Den Schnurrbart oben mittig in die Torte stecken.

SCHLEIFEN-TÖRTCHEN

ZUTATEN

Für die Böden
1 Rezept Vanillebiskuit (für 16 cm Ø)

Für die Füllung
1 Rezept Erdbeer-Buttercreme

3 EL Erdbeerlikör, nach Belieben

1 Rezept Ganache

Für die Dekoration
200 g Blütenpaste weiß

Farbgel pink

800 g Fondant weiß

bunte Zuckerperlen

Außerdem
Maisstärke

Zuckerkleber + Pinsel

Wattepads

Ball-Werkzeug

1 Cake Board

Holzspieße

ZUBEREITUNG

Mit der Herstellung der Dekoration 2 Tage vorher beginnen.

1. Für die Schleife die weiße Blütenpaste pink einfärben und weich kneten. Auf einer mit Maisstärke bemehlten Arbeitsfläche etwa 1,5 mm dick ausrollen und ein Rechteck von 24 × 10 cm Größe ausschneiden. (Bild 1)

2. Das Rechteck von der linken Seite einmal zur Mitte klappen und mit den Fingern etwas zusammenschieben. Etwas Zuckerkleber in die Rillen streichen, dann zusammendrücken. Damit die Schleife nicht zusammenfällt, mit einem Wattepad ausstaffieren. Das Ende der Schleife mit Zuckerkleber auf die Mitte des Rechtecks kleben. Den Vorgang auf der anderen Seite wiederholen. Den unteren Teil der Schleife mit dem Fondantschneider zurechtschneiden. Die Schleife dann mit den Fingern ein wenig formen. (Bild 2–7)

3. Für das Mittelstück der Schleife die restliche Blütenpaste etwa 1,5 mm dick ausrollen und zu einem 15 cm langen und 4 cm breiten Streifen schneiden. Das Rechteck einmal wenden und die Enden der langen Seiten ein wenig einrollen, bei Bedarf Zuckerkleber verwenden. Den Streifen wieder wenden und die Mitte mit dem Ball-Werkzeug nachfahren. Den Streifen mittig auf die Schleife legen und von vorn nach hinten klappen. Festkleben und falls nötig auf der Rückseite kürzen. Die Schleife sollte je nach Raumfeuchtigkeit etwa 48 Stunden trocknen. (Bild 8–12)

4. Möglichst am Vortag den Vanillebiskuit nach dem Grundrezept backen und auskühlen lassen.

SO GEHT'S WEITER

5. Am Tag der Fertigstellung die Erdbeer-Buttercreme nach dem Grundrezept zubereiten und nach Belieben den Erdbeerlikör unterziehen.

6. Den ersten Boden auf ein Cake Board setzen und mit der Hälfte der Erdbeer-Buttercreme bestreichen. Den zweiten Boden auflegen und den Vorgang wiederholen. Den letzten Boden mit der unteren Seite nach oben auflegen. Die Torte etwa 30 Minuten kühl stellen. Währenddessen die Ganache herstellen, nach der Kühlzeit über die Torte geben, glatt streichen und scharfe Kanten formen.

7. Fondant weich kneten, auf einer mit Maisstärke bemehlten Arbeitsfläche 3–5 mm dick ausrollen und die Torte damit einkleiden. Überschüssigen Fondant sauber abschneiden.

8. Die untere Hälfte der Torte mit Zuckerkleber einstreichen und mit Zuckerperlen bekleben. Für die pinkfarbene Umrandung

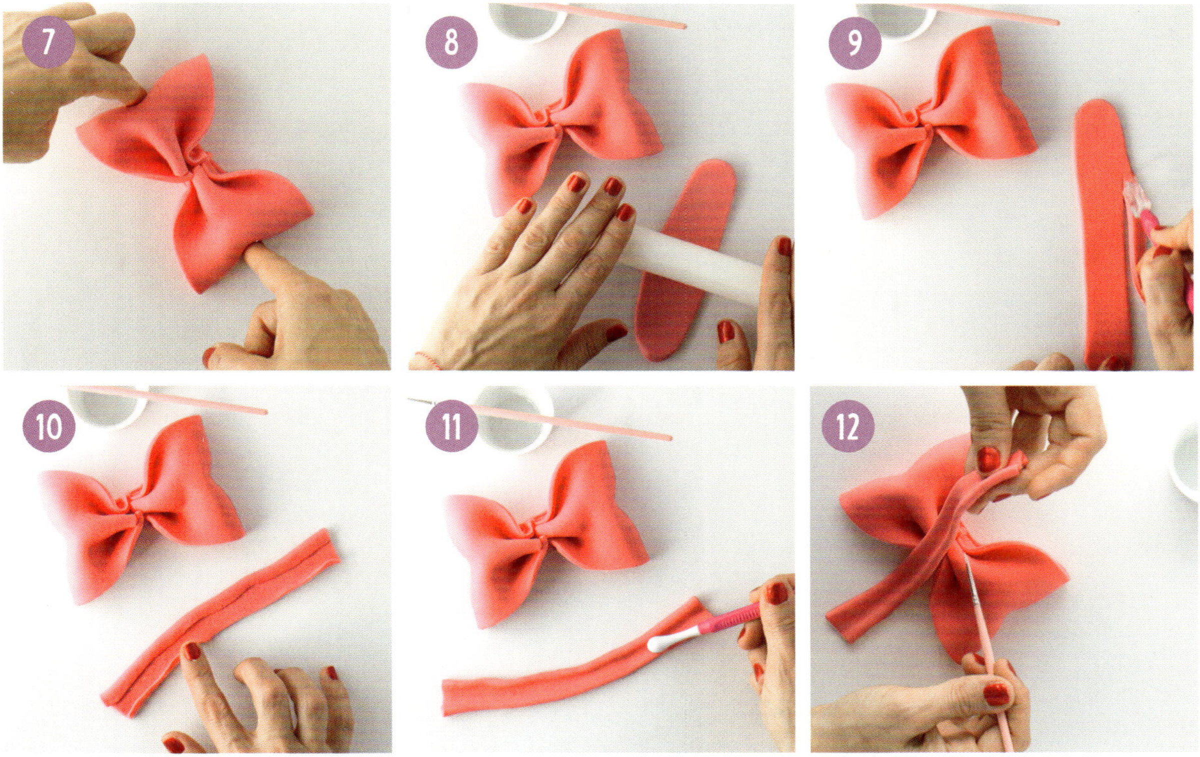

den restlichen Fondant pink einfärben, weich kneten und etwa 2 mm dick ausrollen. Einen 1 cm breiten Streifen ausschneiden. Die Länge sollte dem Umfang der Torte einsprechen (ca. 50 cm). Die Torte an der gewünschten Stelle mit Zuckerkleber bestreichen, die Umrandung anbringen.

9. Für die Vollendung zwei Holzspieße in Breite der Schleife in die Torte stecken. Die ausgehärtete Schleife dann auf die Spieße setzen.

TIPP

Beim Ausrollen der Blütenpaste unbedingt darauf achten, dass keine Risse und Unebenheiten entstehen, sonst ist das Ergebnis nur halb so schön.

SWISS-MERINGUE-TULPENTORTE

ZUTATEN

Für die Böden
1 Rezept Vanillebiskuit (für 16 cm Ø)

Für die Füllung
300 g Erdbeeren, mittelgroß
400 g Sahne
30 g Sofort-Gelatine
4 EL Zitronensaft
3 EL Zucker
6 EL Erdbeerkonfitüre

Für die Dekoration
1 Rezept Swiss-Meringue-Buttercreme
Farbgel pink, rosa, hellgrün

Außerdem
1 Cake Board
Tortenring
Spritzbeutel
2 Tulpentüllen (Nifty Nozzles)
1 Blatttülle

ZUBEREITUNG

1. Den Biskuit in nur 2 Springformen mit 16 cm Durchmesser etwa 25 Minuten backen. Sofort aus der Form lösen und abkühlen lassen. Böden je einmal waagerecht halbieren.

2. Die Erdbeeren putzen, waschen, trocken tupfen und in dünne Scheiben schneiden. Die Sahne steif schlagen, dabei die Gelatine einrieseln lassen. Zitronensaft und Zucker unterrühren.

3. Den ersten Kuchenboden auf ein Cake Board oder eine Tortenplatte setzen und mit einem Tortenring umschließen. Den Boden mit 2 EL Konfitüre bestreichen und mit einem Drittel der Erdbeerscheiben belegen. Ein Drittel der Sahne darauf verteilen und glatt streichen. Den zweiten Boden auflegen und den Vorgang wiederholen, ebenso mit dem dritten Boden. Den letzten Boden mit der unteren Seite nach oben auflegen und mit Frischhaltefolie abdecken. Die Torte mindestens 4 Stunden kühl stellen, am besten über Nacht.

4. Die Swiss-Meringue-Buttercreme nach dem Grundrezept zubereiten.

5. Den Tortenring entfernen und die Torte mit ungefähr der Hälfte der Swiss-Meringue-Buttercreme ummanteln, dazu erst mit einer dünnen Schicht bestreichen, um die Krümel zu binden, dann nochmals komplett einstreichen. (Bild 1)

6. Die restliche Swiss-Meringue-Buttercreme in 3 Teile teilen und in Pink, Rosa und Hellgrün einfärben. (Bild 2)

SO GEHT'S WEITER

7. Für die Tulpen zwei Spritzbeutel mit Tulpentüllen bestücken einen Spritzbeutel mit Creme in Rosa, den zweiten mit Creme in Pink befüllen. Einen dritten Spritzbeutel mit einer Blatttülle bestücken und die grüne Creme hineingeben. (Bild 3)

8. Im Wechsel pink- und rosafarbene Tulpen auf den Rand der Torte spritzen, die Mitte frei lassen. Dabei die Spritztülle nicht direkt auf die Creme setzen, sondern die Blüte mit etwas Abstand aufspritzen und dann den Spritzbeutel schnell hochziehen. Die Tülle zwischendurch öfter abwischen. Zwischen die Tulpenblüten mit grüner Creme Blätter spritzen. (Bild 4)

1

2

3

ANANAS-TÖRTCHEN

ZUTATEN

Für die Böden
1 Rezept Vanillebiskuit (für 22 cm Ø, gebacken auf einem Blech 30 × 40 cm)

Für die Füllung
180 g Ananasstücke (Dose)

50 g Kokosmilch

150 g Mascarpone

1 Päckchen Vanillezucker

Für die Dekoration
1 Rezept Swiss-Meringue-Buttercreme

Farbgel gelb

Blattschopf einer großen Ananas

Außerdem
Kreisausstecher (11 cm Ø)

1 Cake Board

Tortenrandfolie (mind. 10 cm hoch)

Spritzbeutel

Sterntülle

ZUBEREITUNG

1. Den Biskuit auf einem mit Backpapier belegten Backblech etwa 15 Minuten goldgelb backen. Stäbchenprobe nicht vergessen. Aus dem Ofen nehmen und auf einem Kuchengitter abkühlen lassen. Mit dem Kreisausstecher 6 Kreise ausstechen. (Bild 1)

2. Die Ananasstücke abtropfen lassen und klein schneiden. Kokosmilch, Mascarpone und Vanillezucker cremig rühren.

3. Den ersten Kuchenboden auf ein Cake Board setzen und mit einem Fünftel der Mascarpone-Creme bestreichen, ein Fünftel der Ananasstückchen darauf verteilen. Den zweiten Boden aufsetzen und den Vorgang bis zum letzten Boden wiederholen. Für etwas mehr Stabilität Tortenrandfolie um das Törtchen legen, dann etwa 4 Stunden kühl stellen. (Bild 2)

4. In der Zwischenzeit die Swiss-Meringue-Buttercreme nach dem Grundrezept herstellen und gelb färben.

5. Das Törtchen aus der Folie lösen und dünn mit der Swiss-Meringue-Buttercreme einstreichen.

6. Die restliche Creme in einen Spritzbeutel mit Sterntülle füllen und das Törtchen von unten nach oben mit leichten Zick-Zack-Bewegungen umspritzen. (Bild 3)

7. Vor dem Servieren das Törtchen mit dem Blattschopf einer Ananas dekorieren.

Für den Teddybär
150 g Fondant braun
50 g Fondant beige
10 g Fondant weiß
10 g Fondant schwarz

BABYTORTE

ZUTATEN

Für die Böden
1 Rezept Zitronenboden

Für die Füllung
1 Rezept Amerikanische Buttercreme

3 Pfirsichhälften (Dose), in dünne Spalten geschnitten

1 Rezept Ganache

Für die Dekoration
1150 g Fondant weiß

ca. 100 g Maisstärke

Farbgel blau, grün, pink, gelb, lila

100 g Blütenpaste

Außerdem
Ball-Werkzeug

Zuckerkleber + Pinsel

Kegel-Werkzeug

Wattepads

Maisstärke

Buchstaben-Ausstecher

1 Styroporkugel (5 cm Ø)

weißer Draht (20 cm)

1 Styroporkugel (2,5 cm Ø)

1 Cake Board

Bordüren-Ausstecher

ZUBEREITUNG

Mit der Herstellung der Dekoration 2 Tage vorher beginnen.

1. Den Teddybär nach der Anleitung auf Seite 59 herstellen.

2. Für die Buchstaben etwa 100 g Fondant mit Maisstärke verkneten, bis eine feste Masse entsteht. Etwa 1 cm dick ausrollen und die Buchstaben ausstechen, eventuell mit einem Messer ausbessern. (Bild 1)

3. 50 g Fondant in Portionen teilen und diese unterschiedlich einfärben. Kleine Kügelchen formen und mit Zuckerkleber vorsichtig auf die Buchstaben kleben. Zwei Drittel der bunten Fondantmasse für den Tortenrand aufbewahren. (Bild 2)

4. 60 g Blütenpaste lila färben und etwa 2 mm dünn ausrollen. Die große Styroporkugel mit Zuckerkleber einstreichen und auf die ausgerollte Blütenpaste legen, diese um die Styroporkugel legen, überschüssiges Material abschneiden und die Kugel zwischen den Händen hin und her rollen. (Bild 3–5)

5. Den weißen Draht in den Ballon schieben. Aus einer kleinen lila Kugel den »Knoten« des Ballons formen, mit dem Ball-Werkzeug eindrücken und auf den Draht schieben. Am Ballon festkleben. Mit weißer Blütenpaste einen kleinen Luftballon ebenso formen und mit bunten Kügelchen verzieren. (Bild 6)

6. Möglichst am Vortag die beiden Zitronenböden nach dem Grundrezept backen und auskühlen lassen. Am Tag der Fertigstellung beide Böden waagerecht halbieren.

7. Am Tag der Fertigstellung die Buttercreme für die Füllung nach dem Grundrezept zubereiten.

SO GEHT'S WEITER

8. Den ersten Boden auf ein Cake Board setzen, mit einem Drittel der Buttercreme bestreichen und mit einem Drittel der Pfirsichspalten belegen. Den zweiten Boden auflegen und den Vorgang wiederholen, ebenso mit dem dritten Boden. Den letzten Boden mit der unteren Seite nach oben auflegen. Die Torte etwa 1 Stunde kühl stellen.

9. Währenddessen die Ganache herstellen. Am Ende der Kühlzeit über die Torte geben, glatt streichen und scharfe Kanten formen.

10. 1 kg Fondant weich kneten und auf einer mit Maisstärke bemehlten Arbeitsfläche 3–5 mm dick ausrollen. Die Torte eindecken, die Ränder sauber abschneiden.

11. Für die Bordüre unten den restlichen Fondant lila färben, etwa 3 mm dick ausrollen. Mit dem Bordüren-Ausstecher ausstechen und gerade schneiden. Den unteren Rand der Torte mit Zuckerkleber einstreichen und die Bordüre ankleben.

12. Den Teddy, die Buchstaben und die Ballons anbringen. Aus dem restlichen bunten Fondant Kügelchen formen und den Tortenrand damit dekorieren.

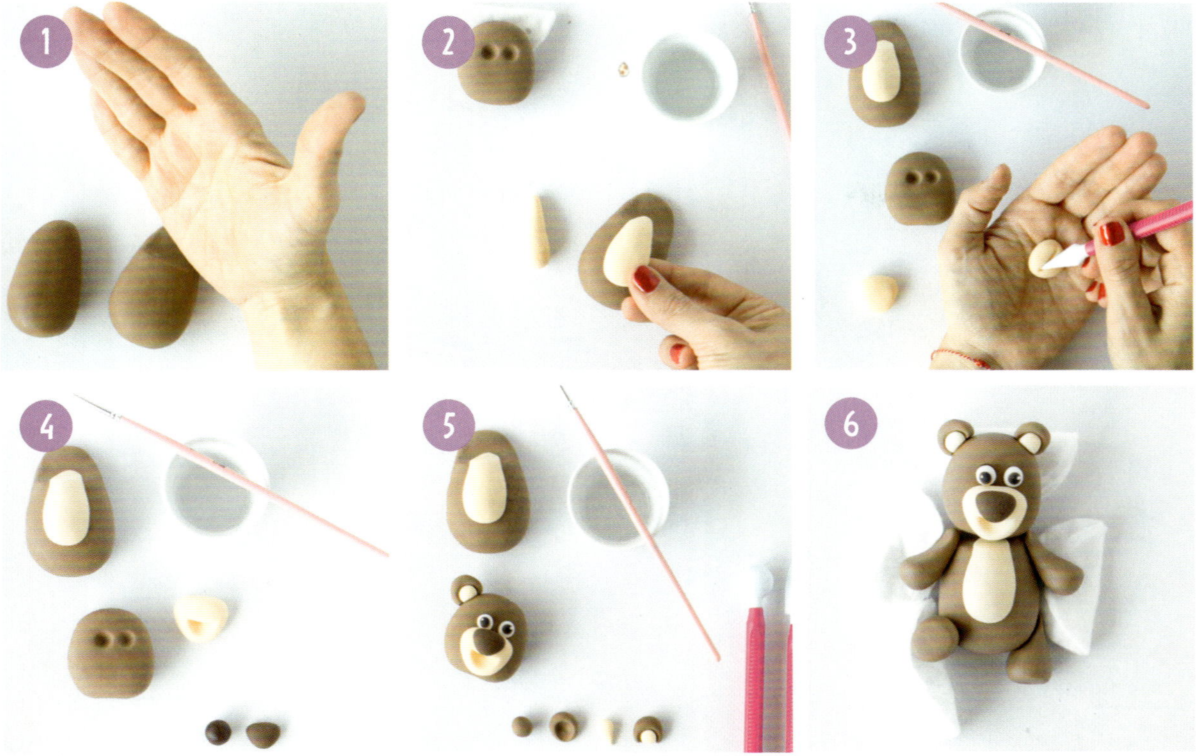

TEDDYFIGUR

1. Für den Körper aus braunem Fondant einen Kegel formen (5 × 4 cm) und oben etwas flach drücken. Für den Kopf eine Kugel von 4–5 cm Durchmesser formen, diese etwas flach drücken und die Augenhöhlen mit einem Ball-Werkzeug hineindrücken. (Bild 1)

2. Aus einem kleinen beigen Fondantstück den Bauch modellieren und aufkleben. (Bild 2)

3. Die Schnauze ebenfalls aus beigem Fondant formen und den Mund mit einem Kegel-Werkzeug modellieren. Die Nase aus einer kleinen braunen Kugel formen und ankleben. Für die Augen 2 kleine weiße Kugeln in die Augenhöhlen kleben und mit schwarzen Kügelchen verzieren. (Bild 3–4)

4. Die Ohren aus braunem und beigem Fondant herstellen und ankleben, eventuell mit Wattepads abstützen. Füße und Arme aus braunem Fondant formen, ankleben und mit Wattepads abstützen. (Bild 5–6)

YAY

CANDY DRIP CAKE

ZUTATEN

Für die Böden
1 Rezept Zitronenboden

Für die Füllung
300 g TK-Himbeeren
1 TL Vanilleextrakt
5 Blatt Gelatine
200 g Mascarpone
200g Frischkäse
50 g Zucker
150 g Sahne
1 Päckchen Vanillezucker

Für die Dekoration
3 Macarons, rosa (siehe Seite 63)
1 Rezept Baiser, rosa
1 Rezept Mascarpone-Frischkäse-Creme, rosa
1–3 kleine Waffelbecher
150 g Cake-Pop-Glasur weiß
Zuckerperlen, weiß + pink
Zuckerkonfetti

Außerdem
Spritzbeutel
Sterntülle (16 mm Ø)
Tortenring
Tortenrandfolie

ZUBEREITUNG

Mit der Herstellung am besten am Vortag beginnen.

1. Macarons nach dem Rezept auf Seite 63 herstellen. Für die Torte 6 Macaron-Schalen beiseitestellen, die restlichen Macarons anderweitig verwenden.

2. Baisers nach dem Grundrezept herstellen. Dabei die Baisermasse rosa färben und aus einem Spritzbeutel mit Sterntülle auf das Backblech spritzen.

3. Die beiden Böden nach dem Grundrezept backen, auskühlen lassen und je einmal halbieren.

4. Für die Füllung die Himbeeren in einem kleinen Topf mit Vanilleextrakt und 2 EL Wasser vermischen und aufkochen lassen. Unter Rühren weich dünsten. Die Gelatine in kaltem Wasser einweichen, in der Zwischenzeit das Himbeerpüree durch ein Haarsieb passieren. Die Gelatine ausdrücken und im heißen Püree auflösen. Zum Abkühlen beiseitestellen. Mascarpone, Frischkäse und Zucker glatt rühren. Das abgekühlte Püree unter die Mascarponecreme rühren. Sahne steif schlagen, dabei den Vanillezucker einrieseln lassen. Die Sahne vorsichtig unter die Himbeer-Creme heben.

5. Den ersten Kuchenboden auf eine Tortenplatte legen und mit einem Tortenring umschließen. Mit einem Drittel der Creme bestreichen und den zweiten Boden auflegen. Den Vorgang wiederholen, bis die Creme aufgebraucht ist. Den letzten Boden mit der unteren Seite nach oben auflegen und mit Frischhaltefolie abdecken. Mindestens 4 Stunden, am besten über Nacht, kühl stellen.

SO GEHT'S WEITER

6. Für die Ummantelung die Mascarpone-Frischkäse-Creme nach dem Grundrezept zubereiten und rosa färben. Etwa 4 EL entnehmen und beiseitestellen. Die Torte vorsichtig aus dem Ring lösen und dünn mit der Creme einstreichen. Etwa 30 Minuten kühl stellen, dann mit der restlichen Creme einstreichen. Wieder kühl stellen.

7. Die Cake-Pop-Glasur über einem heißen Wasserbad schmelzen. Die Waffelbecher in die Glasur tauchen, etwas abtropfen lassen und sofort in ein Schälchen mit Zuckerperlen drücken. Trocknen lassen. (Bild 1)

8. 6 Macaron-Schalen mit etwas Glasur zu 3 Macarons zusammenkleben und mit Zuckerkonfetti bestreuen.

9. Die restliche Glasur über die Torte geben und am Rand runterlaufen lassen. (Bild 2)

10. Die restliche Mascarpone-Frischkäse-Creme in einen Spritzbeutel mit Lochtülle füllen und in die Waffelbecher spritzen.

11. Die Torte mit Macarons, Baisers und den kleinen Waffelbechern dekorieren. Zum Schluss mit Zuckerkonfetti verzieren.

TIPP

Diese Torte wird sehr hoch. Deswegen empfehlen wir, den Tortenring mit Tortenrandfolie zu verlängern.

1

MACARONS

Für die Macarons
50 g gemahlene Mandeln (ohne Schale)
75 g Puderzucker
1 Msp. Backpulver
1 Eiweiß (40 g), Zimmertemperatur
Salz
20 g Zucker
Farbgel rosa

Außerdem
Spritzbeutel
Lochtülle
Backmatte in Herzform

für 15 Macarons (bzw. 30 Macaron-Schalen)

1. Die gemahlenen Mandeln mit Puderzucker und Backpulver mischen und 2–3 mal durch ein Haarsieb streichen.

2. Das Eiweiß mit 1 Prise Salz schaumig schlagen, den Zucker dazugeben und steif schlagen. Farbgel hinzugeben und sorgfältig verrühren.

3. Die Mandel-Puderzucker-Mischung vorsichtig unter den Eischnee heben.

4. Die Macaron-Masse in einen Spritzbeutel mit Lochtülle füllen und auf die Backmatte spritzen. Das Backblech einmal kurz auf die Arbeitsp atte klopfen, damit die kleinen Spitzen sich senken und Luftbläschen entweichen können. (Bild 1)

5. Die aufgespritzten Macarons 1 Stunde bei Zimmertemperatur ruhen lassen.

6. Den Backofen auf 140 °C Ober-/Unterhitze vorheizen. Die Macarons 15 Minuten backen. Aus dem Ofen holen und auf dem Backblech abkühlen lassen.

7. Für den Candy Drip Cake werden 6 Macaron-Hälften benötigt. Der Rest kann anderweitig verwendet werden. Macarons kann man nach Belieben füllen. Hierfür eignen sich Cremes mit geringem Flüssigkeitsanteil, wie Buttercreme, Ganache oder Dulce de Leche.

Außerdem

Schüssel in Form einer Halbkugel (1,6 l, ca. 17 cm Ø)

Spritzbeutel

1 Lochtülle (2 mm)

Hasenohren-Schablone

Maisstärke

Kreisausstecher (ca. 3 cm Ø)

kleiner Herzausstecher

1 Rosentülle (2D von Wilton)

OSTERHASEN-TORTE

ZUTATEN

Für die Böden
1 Rezept Vanillebiskuit (für 16 cm Ø)

Für das Kompott
550 g Rhabarber
2 Päckchen Vanillezucker
60 g Zucker
300 g Erdbeeren
4 Blatt rote Gelatine

Für die Creme
200 g Mascarpone
100 g Frischkäse
20 g Zucker
1 EL Zitronensaft
2 TL San-apart
150 g Sahne

Für die Ummantelung
1 Rezept Mascarpone-Frischkäse-Creme

Für die Dekoration
200 g Cake-Pop-Glasur weiß
Farbgel pink
Perlmuttspray
Zuckerperlen
Je 20 g Fondant schwarz + rosa

ZUBEREITUNG

Mit der Herstellung am Vortag beginnen.

1. Den Biskuit nach dem Grundrezept backen. Auskühlen lassen.

2. Für das Kompott Rhabarber waschen, putzen und in 1 cm lange Stücke schneiden. Mit Vanillezucker, Zucker und 50 ml Wasser in einem flachen Topf weich dünsten. Die Erdbeeren putzen, waschen und in Stücke schneiden. Zum Rhabarber geben und etwa 2 Minuten unter Rühren dünsten. Die Gelatine in kaltem Wasser einweichen, ausdrücken und im heißen, aber nicht mehr kochenden Kompott auflösen. Zum Abkühlen beiseitestellen.

3. Für die Creme Mascarpone, Frischkäse, Zucker und Zitronensaft glatt rühren. 1 TL San-apart unterschlagen. Die Sahne steif schlagen und dabei 1 TL San-apart einrieseln lassen. Die Sahne vorsichtig unter die Mascarponecreme heben.

4. Eine Schüssel mit Frischhaltefolie auskleiden. Den obersten Biskuitboden hineindrücken. Die Hälfte des Kompotts auf den Boden geben und verteilen. Die Hälfte der Creme löffelweise auf das Kompott geben und vorsichtig glatt streichen. Den zweiten Boden auflegen und den Vorgang wiederholen. Den letzten Boden mit der unteren Seite nach oben auflegen und mit Frischhaltefolie abdecken. Die Böden mit einem Teller beschweren und über Nacht im Kühlschrank fest werden lassen. (Bild 1)

SO GEHT'S WEITER

5. Am Tag der Fertigstellung für die Hasenohren die Cake-Pop-Glasur über einem heißen Wasserbad schmelzen, vom Herd nehmen und etwas abkühlen lassen. Die Glasur in einen Spritzbeutel mit kleiner Lochtülle füllen und mithilfe der Hasenohren-Schablone Ohren auf ein Backpapier spritzen. (Bild 2)

6. Tipp: Wenn man das Backpapier auf eine Marmorplatte legt, wird die Glasur schneller fest. Die restliche Glasur rosa färben und damit das Innere der Ohren aufspritzen. (Bild 3)

7. Für die Augen den schwarzen Fondant dünn ausrollen und mit einem Lochausstecher oder einer Tülle 2 Kreise ausstechen. Mit dem gleichen Ausstecher je ein schmales Stück von den Kreisen abstechen und zu einem Auge formen. Trocknen lassen. (Bild 4–5)

8. Für die Nase rosafarbenen Fondant ausrollen und ein Herz ausstechen. Die Nase trocknen lassen. (Bild 6)

TIPP

Damit die Gesichtsteile sich nicht auflösen, kann man sie auf der Rückseite mit etwas Schokolade bestreichen. So sitzt die Schokolade zwischen der Creme und der Fondant-Deko.

9. Für die Ummantelung die Mascarpone-Frischkäse-Creme nach dem Grundrezept zubereiten.

10. Die Torte auf eine Tortenplatte stürzen und die Frischhaltefolie abziehen. Etwa 3 EL der Mascarpone-Creme entnehmen und rosa färben. Die restliche, weiße Creme in einen Spritzbeutel füllen, die Spitze abschneiden und die Kuppeltorte damit im unteren Drittel umspritzen. Die Creme von unten nach oben über die ganze Torte verteilen und glatt streichen. Die rosafarbene Creme in einen Spritzbeutel mit Rosentülle füllen und oben auf die Kuppel spritzen. Für die Rosen den Swirl immer von innen nach außen spritzen. Die Torte mit dem Perlmuttspray überziehen und mit Zuckerperlen verzieren. Bis zur weiteren Verwendung kalt stellen. (Bild 7–10)

11. Vor dem Servieren die Ohren vom Backpapier abziehen und in die Kuppel drücken. Die Augen und die Nase andrücken.

SUKKULENTEN-NAKED-CAKE

ZUTATEN

Für die Böden
1 Rezept Vanillebiskuit
(für 16 cm Ø)

Für die Füllung
2 Maracujas

80 g Frischkäse

80 g Mascarpone

100 g Schlagsahne

40 g Puderzucker, gesiebt

Für die Dekoration
1 Rezept Amerikanische
Buttercreme

Außerdem
Farbgel violett und
4 verschiedene Grüntöne

1 kleine Lochtülle

1 Blatttülle

1 Rosentülle

1 kleine Halbrundtülle
z. B. für Dahlien

1 kleine Sterntülle

1 Blumennagel

Backpapier, in Quadrate
geschnitten

ZUBEREITUNG

1. Den Biskuit in nur 2 Springformen mit 16 cm Durchmesser etwa 25 Minuten backen. Sofort aus der Form lösen und abkühlen lassen. Böden je einmal waagerecht halbieren.

2. Die Maracujas halbieren und das Fruchtfleisch auslösen. Durch ein Haarsieb streichen und dabei die Flüssigkeit, etwa 30 ml, auffangen. Frischkäse, Mascarpone und Maracuja-Saft glatt rühren. Die Sahne steif schlagen und dabei den Puderzucker einrieseln lassen. Die Sahne unter die Creme heben.

3. Den ersten Boden auf eine Tortenplatte setzen. Mit einem Drittel der Creme bestreichen und den zweiten Boden auflegen. Vorgang mit den restlichen Böden und der Creme wiederholen. Den letzten Boden mit der unteren Seite nach oben auflegen. Die Torte mit Frischhaltefolie abdecken und etwa 4 Stunden im Kühlschrank kühl stellen.

4. Die Buttercreme nach dem Grundrezept zubereiten und die Torte nur dünn damit einstreichen – für den Naked-Cake-Effekt sollen die Böden sichtbar bleiben.

5. Für die Sukkulenten 2–3 EL Buttercreme violett färben. Die restliche Creme in 4 verschiedenen Grüntönen färben. Violette Buttercreme in den Spritzbeutel mit Lochtülle geben. Die Grüntöne in die Spritzbeutel mit Blatt-, Rosen-, Halbrund- und Sterntülle füllen. (Bild 1)

6. Etwas Buttercreme auf den Blumennagel geben und ein Backpapierquadrat darauf platzieren. Für jede Sukkulente einen kleinen Tuff auf die Mitte des Backpapiers setzen und dann um diesen herumspritzen. (Bild 2–3)

7. Die Sukkulenten und Blüten für etwa 30 Minuten ins Gefrierfach stellen. Gefroren auf der Torte verteilen und violette Tuffs dazwischensetzen.

SCHWEBE-TORTE

ZUTATEN

Für die Böden
1 Rezept Vanillebiskuit (für 16 cm Ø)

Für die Füllung
1 Rezept Mascarpone-Frischkäse-Creme

200 g frische Himbeeren

Für die Dekoration
1 Rezept Baiser

Farbgel pink, mint, gelb

50 g weiße Schokolade

Außerdem
Spritzbeutel

Sterntülle (1M)

1 Cake Board

Tortenring

1 Strohhalm

1 Papiertüte

ZUBEREITUNG

1. Am Vortag die Baisermasse nach dem Grundrezept vorbereiten, auf drei Schälchen aufteilen und mint, gelb und pink färben. Mit einem Spritzbeutel mit Sterntülle kleine Tuffs spritzen und trocknen lassen wie im Rezept beschrieben.

2. Für die Torte den Biskuit nach dem Grundrezept backen und auskühlen lassen. Die Creme nach dem Grundrezept herstellen. Die Hälfte für die Ummantelung beiseitestellen, die andere Hälfte für die Füllung verwenden.

3. Den ersten Biskuitboden auf ein Cake Board setzen und mit einem Tortenring umschließen, die Hälfte der Creme für die Füllung auf dem Boden verteilen, die Himbeeren halbieren und die Hälfte der Beeren auf der Creme verteilen. Den zweiten Boden auflegen und die übrigen Beeren auflegen. Den letzten Boden mit der unteren Seite nach oben auflegen und mit Frischhaltefolie abdecken.

4. Die Torte 2 Stunden kühlen, dann vorsichtig aus dem Ring lösen und mit einer dünnen Schicht Mascarpone-Frischkäse-Creme einstreichen. Weitere 30 Minuten kühlen, dann komplett einstreichen, dabei etwa 3 EL Creme beiseitestellen. Je 1 EL Creme mint, gelb und pink färben. Damit kleine Akzente auf die Torte setzen und einmal rundherum glatt streichen, sodass die Farben verwischen. Die Torte 1 Stunde kühl stellen.

5. Für die Deko die weiße Schokolade über einem heißen Wasserbad schmelzen. Vom Herd nehmen und abkühlen lassen. Die Torte aus dem Kühlschrank nehmen und auf eine Tortenplatte setzen. Den Strohhalm mittig in die Torte stecken und mit Baisers umstellen. Die Papiertüte etwas zerknüllen und auf den Strohhalm stülpen. Die Baisers mit etwas Schokolade bestreichen und von unten nach oben an den Strohhalm kleben, sodass der Strohhalm nicht mehr sichtbar ist.

TIPP

Baiser zieht schnell Flüssigkeit an und wird dann klebrig. Daher die Torte erst kurz vor dem Servieren dekorieren.

EINHORN-TORTE

ZUTATEN

Für die Böden
1 Rezept Vanillebiskuit (für 16 cm Ø)

Für die Füllung
1 Rezept Erdbeer-Buttercreme

1 Rezept Ganache

Für die Dekoration
1,2 kg Fondant weiß

50 g Fondant schwarz

100 g Maisstärke (oder nach Bedarf)

Farbgel pink, lila, grün, gelb, blau

Glitzer für Lebensmittel

Farbpulver rosa

Außerdem
1 Cake Board

Maisstärke

Herzausstecher in 2 Größen

Zuckerkleber + Pinsel

Holzspieß

kleine Schere

1 Wattepad

ZUBEREITUNG

1. Den Biskuit nach dem Grundrezept backen und auskühlen lassen.

2. Die Erdbeer-Buttercreme nach dem Grundrezept zubereiten.

3. Den ersten Boden auf ein Cake Board setzen und mit der Hälfte der Erdbeer-Buttercreme bestreichen. Den zweiten Boden auflegen und mit der restlichen Erdbeer-Buttercreme bestreichen. Den letzten Boden mit der unteren Seite nach oben auflegen und die Torte etwa 30 Minuten kühl stellen.

4. Die Ganache nach dem Grundrezept zubereiten. Nach der Kühlzeit über die Torte geben, glatt streichen und scharfe Kanten formen.

5. 800 g weißen Fondant weich kneten, 3–5 mm dick ausrollen und die Torte damit einkleiden. Überschüssigen Fondant sauber abschneiden.

6. Für die Deko eine kleine Menge Fondant rosa färben. Weißen und rosafarbenen Fondant weich kneten und etwa 5 mm dick ausrollen. Mit zwei Herzausstechern zwei weiße und zwei rosafarbene Herzen für die Ohren ausstechen. Das rosafarbene Herz auf das weiße kleben. Die Rundungen abschneiden. (Bild 1–3)

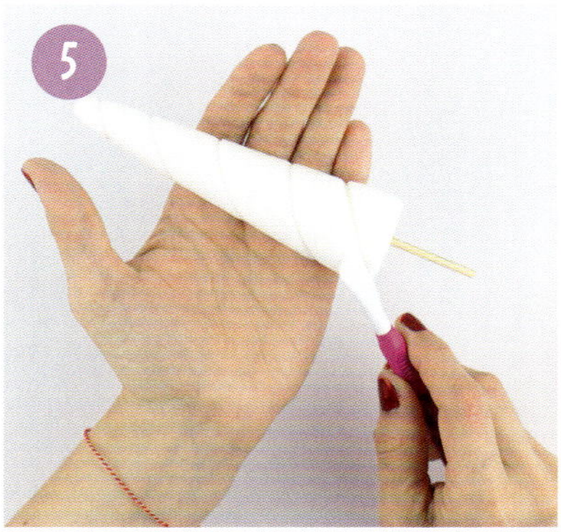

SO GEHT'S WEITER

7. Aus 100 g weißem Fondant ein etwa 15 cm langes Horn formen. Einen Holzspieß unten mittig hineinstecken. Mit dem Fondantschneider Rillen in das Horn ziehen, dann mit Zuckerkleber einpinseln und mit Glitzer bestreuen. (Bild 4–6)

8. Für die Augen schwarzen Fondant nach Bedarf mit Maisstärke verkneten, damit er fester wird, und 3 mm dick ausrollen. Mit zwei Herzausstechern die Augenkontur ausstechen und mit einer kleinen Schere die Wimpern hineinschneiden. (Bild 7–9)

9. Den restlichen Fondant in Pastelltönen einfärben und zu Haarsträhnen formen. Das Horn in die Torte stecken. Die Ohren, Haare und Augen ankleben. Mit einem Wattepad und rosafarbenem Farbpulver kleine Pausbäckchen auftupfen. (Bild 10)

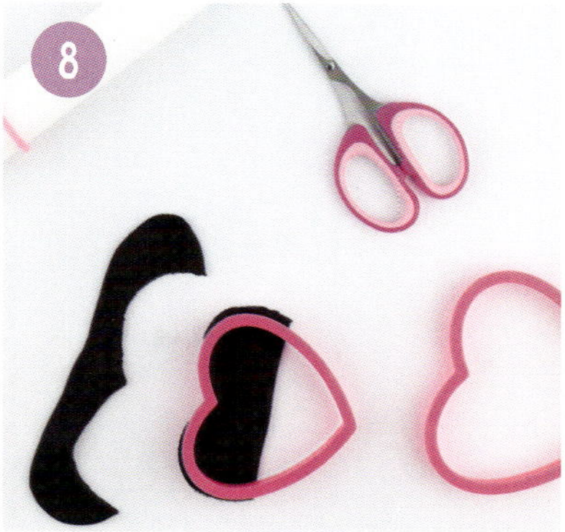

TIPP

Anstelle des schwarzen Fondants kann man auch Lakritzschnecken für die Augenkontur verwenden. Die Schnecken aufrollen und zurechtschneiden.

ANANAS-CUPCAKES

ZUTATEN

Für die Cupcakes
1 Rezept Vanille-Cupcakes

3 Scheiben Ananas aus der Dose, zerkleinert

1 Rezept Swiss-Meringue-Buttercreme

Für die Dekoration
etwa 500 g Fondant weiß

Farbgel hellgrün, gelb

Außerdem
Maisstärke

12 Zahnstocher oder dicke Nudeln

Zuckerkleber + Pinsel

Spritzbeutel

Sterntülle (1M)

Für 12 Stück

ZUBEREITUNG

Mit der Herstellung der Dekoration am Vortag beginnen.

1. Für die Ananasdeko 250 g Fondant hellgrün und 250 g gelb färben und weich kneten. Aus dem gelben Fondant 12 Kugeln formen, leicht flach drücken, zur Ananas formen und mit dem Fondantschneider Rillen hineindrücken.

2. Den grünen Fondant etwa 5 mm dick ausrollen und den Blattschopf der Ananas ausschneiden.

3. Einen Zahnstocher (alternativ ein Stück von einer dicken Nudel) vorsichtig von unten in die Mitte jeder Ananas stecken. Den Blattschopf aufstecken und zusätzlich mit Zuckerkleber befestigen. Etwa 24 Stunden trocknen lassen.

4. Am Tag der Fertigstellung für die Cupcakes den Teig nach dem Grundrezept vorbereiten, zum Schluss die Ananasstückchen unterheben. Wie angegeben backen.

5. Swiss-Meringue-Buttercreme nach dem Grundrezept zubereiten und in einen Spritzbeutel mit Sterntülle füllen. Von außen nach innen auf die Cupcakes spritzen und die Fondant-Deko auflegen.

CLOWN-CUPCAKES

ZUTATEN

Für die Cupcakes
1 Rezept Vanille-Cupcakes

1 Rezept Swiss-Meringue-Buttercreme

Für die Dekoration
Popcorn, nach Belieben

800 g Fondant weiß

Farbgel hautfarben, weitere Farben nach Belieben

50 g Fondant schwarz

Außerdem
Spritzbeutel

Sterntülle (1M)

Ball-Werkzeug

Kegel-Werkzeug

Mini-Sternausstecher

kleine Schere

Zuckerkleber + Pinsel

Wattepads

Für 12 Stück

ZUBEREITUNG

Mit der Herstellung der Dekoration 2 Tage vorher beginnen.

1. Die Köpfe der Clowns nach der Anleitung auf Seite 36 herstellen.

2. Am Tag der Fertigstellung die Cupcakes nach dem Grundrezept zubereiten und auskühlen lassen.

3. Die Swiss-Meringue-Buttercreme nach dem Grundrezept zubereiten und in einen Spritzbeutel mit Sterntülle füllen. Von außen nach innen auf die Cupcakes spritzen. Nach Belieben mit Popcorn und mit den Clowns-Köpfen dekorieren.

TIPP
Für eine stehende Clownfigur der Anleitung auf Seite 36 folgen.

WASSERMELONEN-CUPCAKES

ZUTATEN

Für die Cupcakes
1 Rezept Vanille-Cupcakes

Farbgel grün

1 Rezept Mascarpone-Frischkäse-Creme

Farbgel pink

2 Tropfen Wassermelonen-Aroma, nach Belieben

Für die Dekoration
50 g Zartbitter-Schokolade

Außerdem
Spritzbeutel

1 kleine Lochtülle

1 Sterntülle (1 M)

ZUBEREITUNG

1. Den Teig für die Cupcakes nach dem Grundrezept zubereiten. Zum Schluss grünes Farbgel unterrühren, backen und abkühlen lassen.

2. Für die Melonenkerne die Schokolade über dem heißen Wasserbad schmelzen und wieder abkühlen lassen. In einen Spritzbeutel mit kleiner Lochtülle geben. Kleine Tropfen auf einen Bogen Backpapier spritzen und trocknen lassen.

3. Sobald die Cupcakes abgekühlt sind, die Mascarpone-Frischkäse-Creme zubereiten, rosa färben und aromatisieren. Die Creme in einen Spritzbeutel mit Sterntülle füllen und von außen nach innen auf die Cupcakes spritzen. Mit den Schokotropfen dekorieren.

1

2

KAKTUS-CUPCAKES

ZUTATEN

Für die Cupcakes
1 Rezept Schokoladen-Cupcakes

Für die Dekoration
100 g Schokoladenkekse
400 g Fondant weiß
Farbgel grün, gelb, pink

Außerdem
Zahnstocher (oder dicke Nudeln)
Zuckerkleber + Pinsel
Maisstärke
Mini-Blütenausstecher

Für 12 Stück

ZUBEREITUNG

Mit der Herstellung der Dekoration am Vortag beginnen.

1. Für die Kakteen etwa 350 g Fondant hellgrün färben. Etwa 20 g Fondant gelb und 30 g pink färben.

2. Für die erste Kakteen-Art je 6 kleine und 6 große grüne Kugeln rollen, diese dann zu Kaktusteilen formen. Je 1 große und 1 kleine Kugel mit einem Zahnstocher zusammenstecken und zusätzlich mit Zuckerkleber zusammenkleben. Aus dem gelben Fondant Mini-Perlen formen und diese an die Kakteen kleben. Den pinkfarbenen Fondant weich kneten, ausrollen und Mini-Blüten ausstechen. Die Blüten ebenfalls mit einer gelben Mini-Perle versehen und auf die Kakteen kleben. (Bild 1)

3. Für die zweite Kakteen-Art den restlichen grünen Fondant weich kneten und für jeden Kaktus 2 kleine und je eine große Kugel formen. Die große Kugel zum „Kaktusstamm" und die kleinen zu „Armen" formen. Die Kaktusarme mit Zahnstochern feststechen und mit Zuckerkleber ankleben. Einen weiteren Zahnstocher (alternativ ein Stück von einer dicken Nudel) zur Stabilisierung in den Kaktus schieben, dann mit gelben Mini-Fondant-Perlen versehen und mit Blümchen dekorieren. Kakteen etwa 24 Stunden trocknen lassen. (Bild 2)

4. Am Tag der Fertigstellung die Schokoladen-Cupcakes nach dem Grundrezept backen und abkühlen lassen.

5. Die Schokoladenkekse in einen Gefrierbeutel geben und mit dem Rollstab zerbröseln. Die Brösel auf die Cupcakes streuen und die Cupcakes mit den Kakteen dekorieren.

TIPP

Wenn man kleine Tontöpfe mit Alufolie ausschlägt, kann man auch in ihnen backen!

ROSEN-CUPCAKES

ZUTATEN

Für die Cupcakes
1 Rezept Vanille-Cupcakes

3 TL Rosenwasser

Für die Dekoration
1 Rezept Mascarpone-Frischkäse-Creme

Farbgel pink

Außerdem
Spritzbeutel

1 Rosentülle (geschlossene Sterntülle, idealerweise 2D von Wilton)

Für 12 Stück

ZUBEREITUNG

1. Den Teig für die Vanille-Cupcakes nach dem Grundrezept zubereiten, zum Schluss Rosenwasser unterrühren. Die Cupcakes backen und abkühlen lassen.

2. Die Mascarpone-Frischkäse-Creme nach dem Grundrezept zubereiten. Ein Drittel der Creme rosa färben.

3. Einen Spritzbeutel mit der Rosentülle bestücken und die rosafarbene Creme an die Innenseite des Spritzbeutels streichen. Die weiße Creme in die Mitte geben. So ergibt sich beim Aufspritzen ein Marmor-Effekt. Die Creme auf die Cupcakes spritzen, dabei in der Mitte beginnen und am Rand enden.

1

2

3

EINHORN-CUPCAKES

ZUTATEN

Für die Cupcakes
1 Rezept Vanille-Cupcakes

1 Rezept Swiss-Meringue-Buttercreme

Für die Dekoration
600 g Fondant weiß

Farbgel pink, lila, gelb, grün, blau

50 g Fondant schwarz

Glitzer für Lebensmittel

Außerdem
Spritzbeutel

Sterntülle (1M)

Maisstärke

Kreisausstecher (5 cm Ø)

Zuckerkleber + Pinsel

Ball-Werkzeug

Wattepads

Für 12 Stück

TIPP

Mit Glitzer unbedingt über einem Tuch arbeiten, so kann man überschüssigen Glitzer auffangen und wieder verwenden.

ZUBEREITUNG

1. Cupcakes nach dem Grundrezept backen. Abkühlen lassen.

2. Die Swiss-Meringue-Buttercreme nach dem Grundrezept zubereiten und in einen Spritzbeutel mit Sterntülle füllen. Von außen nach innen auf die Cupcakes spritzen.

3. Für die Einhorngesichter den weißen Fondant weich kneten und auf einer mit Maisstärke bemehlten Arbeitsfläche 3 mm dick ausrollen. 12 Kreise ausstechen. Ein Drittel des restlichen Fondants rosa färben, 3 mm dick ausrollen und mit dem Kreisausstecher den Mund ausstechen. Fondantmünder mit Zuckerkleber auf die weißen Kreise kleben. Kleine rosa Kügelchen formen, in der Mitte mit dem Ball-Werkzeug eindrücken. Als Nüstern auf die Münder kleben.

4. Mit dem Ball-Werkzeug kleine Kuhlen für die Augen in den weißen Fondant drücken. Aus ein wenig schwarzem Fondant kleine Kugeln formen und diese als Augen in die Kuhlen kleben. Aus weißem Fondant winzige weiße Kügelchen formen und auf die Augen kleben. (Bild 1–2)

5. Aus rosafarbenen und weißen Fondant die Ohren formen und ankleben. (Bild 2)

6. Weißen Fondant zu Hörnern formen, mit dem Fondantschneider Rillen hineindrücken. Hörner mit Zuckerkleber einpinseln und mit goldenem Glitzer bestreuen. Die Hörner auf die Stirn kleben, dabei mit Wattepads abstützen. (Bild 3)

7. Das restliche Fondant in pastelligen Tönen einfärben und zu Haaren formen.

8. Die Haare lassen sich am besten büschelweise auf die Stirn des Einhorns kleben. Die Fondant-Einhörner trocknen lassen und dann auf die Swiss-Meringue-Buttercreme legen.

PAUSE
PAUSE
PAUSE
PAUSE

CHALKBOARD CAKE

ZUTATEN

Für die Böden
1 Rezept Schokoladen-boden

1 Rezept Ganache

Für das Dulce de Leche
½ Dose gezuckerte Kondensmilch (Milch-mädchen)

Für die Dekoration
700 g Fondant schwarz

Lebensmittelfarbstift, weiß

Außerdem
1 kleines Schraubglas

Maisstärke

ZUBEREITUNG

1. Die beiden Schokoladenböden nach dem Grundrezept backen. Abkühlen lassen und je einmal waagerecht halbieren.

2. Für das Dulce de Leche die gezuckerter Kondensmilch in ein heiß ausgespültes Schraubglas füllen und fest verschließen. Das Glas mit einem Handtuch in einen kleinen Topf legen. Vollständig mit Wasser bedecken und das Wasser zum Kochen bringen. Das Handtuch verhindert, dass das Glas beim Kochen hin und her geschleudert wird. Sobald das Wasser kocht, die Temperatur senken und das Wasser etwa 50 Minuten leicht köcheln lassen. Das Glas sollte dabei immer mit Wasser bedeckt sein, wenn nötig, Wasser nachfüllen. Das Glas herausnehmen und abkühlen lassen. Vor der Verwendung cremig rühren.

3. Drei der Böden mit jeweils etwa 2–3 EL Dulce de Leche bestreichen und aufeinanderlegen. Den vierten Boden mit der unteren Seite nach oben auflegen. Etwa 30 Minuten kühl stellen.

4. Die Ganache zubereiten. Sobald sie abgekühlt, aber noch recht flüssig ist, über die Torte geben, glatt streichen und scharfe Kanten formen.

5. Den Fondant weich kneten, auf einer mit Maisstärke bemehlten Arbeitsfläche ausrollen und die Torte damit eindecken. Die Torte mit dem weißen Lebensmittelfarbstift beschriften.

Außerdem

Zuckerkleber + Pinsel

kleine Schere

Blumenmodellierbrett

Magnolien-Schablone

Blumendraht in weiß (24 G) und grün (20 G)

Magnolien-Veiner

Blatt-Schablone

Floristikband grün

2 Cake Boards

Maisstärke

5 Tortendübel oder Cake-Pop-Stiele

Skalpell

ZWEISTÖCKIGE HOCHZEITSTORTE

ZUTATEN

Für die untere Ebene
2 Rezepte Schokoladenboden (gebacken in 3 Formen mit 22 cm Ø)

1 Rezept Swiss-Meringue-Buttercreme

150 g Waldfrucht-Konfitüre

1 Rezept Ganache

1 kg Fondant weiß

Für die obere Ebene
1 Rezept Zitronenboden

1 Rezept Swiss-Meringue-Buttercreme

100 g Blaubeer-Konfitüre

1 Rezept Ganache

800 g Fondant weiß

Farbgel schwarz

½ Rezept Royal Icing

Für die Magnolie
200 g Blütenpaste weiß

Farbpulver gelb (mustard) und grün (autumn green)

Farbgel oliv

ZUBEREITUNG

Mit der Herstellung der Dekoration 2 Tage vorher beginnen.

1. Für die Magnolie die Blütenpaste weich kneten. Zuerst für den Blütenstempel ein kleines Stück weißer Paste zu einer Kugel und diese dann zum Kegel formen. Den Blumendraht mit Zuckerkleber bestreichen und den Kegel auf den Draht ziehen. Den Blütenstempel von unten nach oben mehrmals einschneiden. (Bild 2–3)

2. Ein weiteres Stück Blütenpaste auf einem Blumenmodellierbrett sehr dünn ausrollen (nicht dicker als 1 mm) und die Magnolien-Schablone mittig auf die Vertiefung im Modellierbrett legen. An der Schablone entlang mit einem Skalpell ausschneiden. Insgesamt 3 kleine und 4 große Blütenblätter herstellen. (Bild 4)

3. Die Blütenblätter abziehen und den weißen Blumendraht vorsichtig in die dickste Stelle des Blütenblatts schieben. (Bild 5)

4. Die Blütenblätter in den Magnolien-Veiner legen und zusammendrücken, so entsteht die Struktur. Die Blütenblätter auf Esslöffel legen, damit sie eine gewölbte Form bekommen, und trocknen lassen. (Bild 6)

5. Die restliche Blütenpaste mit dem Farbgel grün färben, weich kneten und auf dem Blumenmodellierbrett sehr dünn ausrollen. Die Blatt-Schablone mittig auf die Vertieferung des Brettes legen und 3 Blätter ausschneiden. Den grünen Draht jeweils in die Verdickung schieben und zum Trocknen beiseitelegen. Alle Teile mindestens 24 Stunden trocknen lassen.

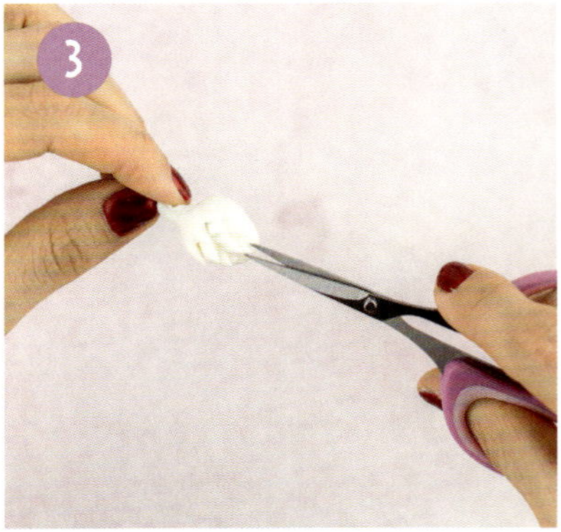

SO GEHT'S WEITER

6. Am Vortag den Blütenstempel mit dem gelben Farbpulver betupfen. (Bild 7)

7. Die kleinen Blütenblätter nacheinander um den Blütenstempel drapieren und mit grünem Floristikband umwickeln.

8. Die großen Blütenblätter zwischen die kleineren drapieren und ebenfalls mit dem Floristikband umwickeln. Zum Schluss die grünen Blätter um die Blüte legen und ebenfalls mit Floristikband befestigen. Für mehr Struktur können die Blätter mit dem grünen Farbpulver eingepinselt werden.

9. Für die untere Torte die Böden nach dem Grundrezept zubereiten und etwa 45 Minuten backen. Stäbchenprobe nicht vergessen. Aus dem Backofen nehmen und abkühlen lassen.

10. Am Tag der Fertigstellung die Swiss-Meringue-Buttercreme nach dem Grundrezept zubereiten.

11. Den ersten Boden auf ein Cake Board stellen und mit der Hälfte der Waldfrucht-Konfitüre bestreichen. Die Hälfte der Swiss-Meringue-Buttercreme darauf verteilen und mit dem zweiten Boden abdecken. Den Vor-

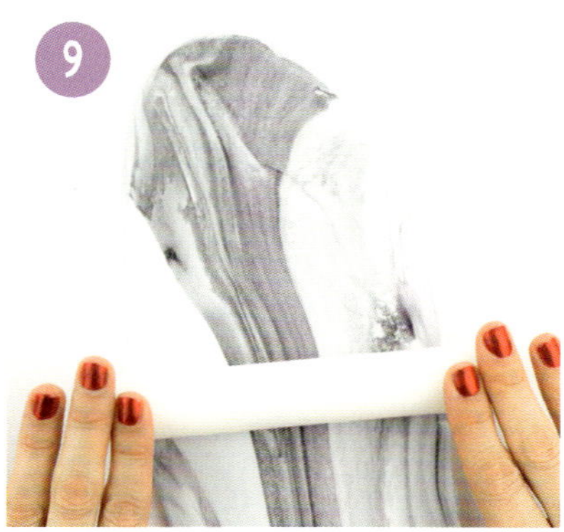

gang wiederholen. Den letzten Boden mit der unteren Seite nach oben auflegen. Die Torte kühl stellen.

12. Die Ganache nach dem Grundrezept zubereiten, über die Torte geben, glatt streichen und scharfe Kanten formen.

13. Den weißen Fondant für die untere Ebene weich kneten und auf einer mit Maisstärke bemehlten Arbeitsfläche ausrollen. Die Torte mit dem Fondant einkleiden. Den unteren Rand sauber abschneiden.

13. Für die obere Ebene die beiden Zitronenböden nach dem Grundrezept backen, abkühlen lassen und je einmal waagerecht halbieren.

14. Die Swiss-Meringue-Buttercreme nach dem Grundrezept zubereiten.

15. Den ersten Boden auf ein Cake Board setzen und mit einem Drittel der Blaubeer-Konfitüre bestreichen. Ein Drittel der Swiss-Meringue-Buttercreme darauf verteilen. Einen weiteren Boden auflegen. Den Vorgang wiederholen. Den letzten Boden mit der unteren Seite nach oben auflegen und die Torte kühl stellen.

16. Die Ganache nach dem Grundrezept zubereiten, über die Torte geben, glatt streichen und scharfe Kanten formen.

17. Für den Marmoreffekt den weißen Fondant gut durchkneten und zu einem rechteckigen Stück formen. Das Farbgel mittig darauf verteilen. Den Fondant drehen und ein- bis zweimal falten, dann ausrollen (eventuell ein weiteres Mal falten) und auf die kleine Torte legen. Die Torte wie gewohnt einkleiden. (Bild 9)

18. Das Royal Icing nach dem Grundrezept zubereiten.

19. Die Tortendübel auf die Höhe der unteren Torte zuschneiden und in die Torte stecken. Die obere Ebene mit etwas Royal Icing auf die untere Torte kleben. Dann ein Seidenband um die untere Ebene legen. Das kann an den Schnittkanten mit etwas Royal Icing angeklebt werden. Die Magnolie in die Torte stecken.

TEDDY-CUPCAKES

ZUTATEN

Für die Cupcakes
1 Rezept Vanille-Cupcakes
3 EL Kokossirup
1 Rezept Amerikanische Buttercreme

Für die Dekoration
600 g Fondant weiß
Farbgel, nach Belieben

Außerdem
Ball-Werkzeug
Zuckerkleber + Pinsel
Wattepads
Spritzbeutel
Sterntülle (1M)

Für 12 Stück

ZUBEREITUNG

Mit der Herstellung der Dekoration am Vortag beginnen.

1. Für die Teddy-Köpfe 12 Kugeln aus farbigem Fondant formen und mit der Hand etwas flach drücken. Für die Schnauze 12 kleine weiße Kugeln rollen, oval formen und mit einem Ball-Werkzeug den Mund hineindrücken. (Bild 1–2)

2. Die Nase aus einer kleinen farbigen Kugel formen, Schnauze und Nase auf den Kopf kleben. (Bild 3–4)

3. Zwei kleine weiße Kugeln zu Augen formen und auf das Gesicht kleben. Die Augenbrauen aus farbigem Fondant modellieren. (Bild 5–6)

4. Die Ohren aus je einer farbigen und einer helleren Kugel formen und an den Kopf kleben, mit Wattepads abstützen. Aus schwarzem Fondant winzige Kugeln rollen und auf die Augen kleben. Die Teddy-Köpfe mindestens 24 Stunden trocknen lassen. (Bild 7–9)

5. Am Tag der Fertigstellung den Teig für die Cupcakes nach dem Grundrezept zubereiten, zum Schluss 2 EL Kokossirup unterziehen. Wie angegeben backen und auskühlen lassen.

6. Die Buttercreme nach dem Grundrezept zubereiten und 1 EL Kokossirup unterheben. In einen Spritzbeutel mit Sterntülle füllen. Von außen nach innen auf die Cupcakes spritzen und mit den Teddyköpfen verzieren.

TEDDY-KOPF

ÜBER DIE AUTORINNEN

Die in Sydney geborene **Monique Ascanelli** kam das erste Mal vor 22 Jahren in Argentinien mit Fondant in Berührung. Seit 2004 lebt sie in Deutschland und kreiert unter The Cake Topper (www.thecake-topper.de) ausgefallene Tortendekrationen aus Fondant. 2014 hat Monique die erste Staffel der Tortenschlacht gewonnen und gibt nun erfolgreich Kurse, in denen die Teilnehmer das Dekorieren von Torten erlernen können. Dieses Buch möchte sie ihrer Tochter Iara widmen.

Gebacken und fotografiert hat **Emma Friedrichs** schon immer gerne. Nach der Geburt ihres ersten Kindes kam die Spiegelreflexkamera und seitdem geht es nicht mehr ohne! 2014 gründete sie den Blog Emma's Lieblingsstücke (www.emmaslieblingsstuecke.wordpress.com) und seit Mitte 2015 backt und fotografiert sie u.a. auch für den Burda-Verlag. Meistens süß und rosa und das, obwohl sie eigentlich lieber herzhaft isst.

DANKE

Für die Unterstützung bei diesem spannenden Projekt bedanken wir uns bei Satin Ice (www.satinice.com) für jede Menge Fondant und Blütenpaste und bei Cake Supplies (www.cakesupplies.nl) für sämtliche Werkzeuge und Backzubehöre. Des Weiteren geht ein dickes Dankeschön an Home of Cake (www.homeofcake.de) für die schönsten Tortenplatten und an Sweet Laura (www.sweet-laura.de) für hübsche Deko und Backutensilien.